OS CONSELHOS DO ESPÍRITO

LEITURA DAS CARTAS
DE INÁCIO DE LOYOLA

PATRICK GOUJON

OS CONSELHOS DO ESPÍRITO

LEITURA DAS CARTAS
DE INÁCIO DE LOYOLA

Tradução:
Joaquim Pereira

Edições Loyola

Título original:
Les conseils de l'Esprit
– Lire les lettres d'Ignace de Loyola
© Éditions Lessius, 2017
7, rue Blondeau, 5000 Namur – Belgique
ISBN 978-2-87299-322-2

Dados Internacionais de Catalogação na Publicação (CIP)
(Câmara Brasileira do Livro, SP, Brasil)

Goujon, Patrick
Os conselhos do Espírito : leitura das cartas de Inácio de Loyola / Patrick Goujon ; tradução Joaquim Figueiredo Pereira. -- São Paulo : Edições Loyola, 2022. -- (Nas pegadas do peregrino)

Título original: Les conseils de l'Esprit : lire les lettres d'Ignace de Loyola
ISBN 978-65-5504-117-0

1. Espiritualidade 2. Inácio de Loyola, Santo, 1491-1556 - Correspondência 3. Inácio de Loyola, Santo, 1491-1556. Exercícios espirituais 4. Vida espiritual - Igreja Católica I. Título II. Série.

21-87647   CDD-248.3

Índices para catálogo sistemático:

1. Inácio de Loyola, Santo : Exercícios espirituais : Cristianismo   248.3

Maria Alice Ferreira - Bibliotecária - CRB-8/7964

Preparação: Marta Almeida de Sá
Capa e diagramação: Ronaldo Hideo Inoue
Revisão técnica: Danilo Mondoni, SJ
Revisão: Rita Lopes

Edições Loyola Jesuítas
Rua 1822 nº 341 – Ipiranga
04216-000 São Paulo, SP
T 55 11 3385 8500/8501, 2063 4275
editorial@loyola.com.br
vendas@loyola.com.br
www.loyola.com.br

Todos os direitos reservados. Nenhuma parte desta obra pode ser reproduzida ou transmitida por qualquer forma e/ou quaisquer meios (eletrônico ou mecânico, incluindo fotocópia e gravação) ou arquivada em qualquer sistema ou banco de dados sem permissão escrita da Editora.

ISBN 978-65-5504-117-0

© EDIÇÕES LOYOLA, São Paulo, Brasil, 2022

SUMÁRIO

AGRADECIMENTOS 7
INTRODUÇÃO 9

I. CONVERSAS E *EXERCÍCIOS ESPIRITUAIS*,
A AJUDA AO PRÓXIMO 15
    1. NOVOS ESPAÇOS PARA UMA ÚNICA MISSÃO DA PALAVRA 15
    2. "QUEM QUER ENCONTRAR AJUDA" 19
    3. O GOSTO DA CONVERSA 21
    4. DAR UM CONSELHO, UMA EXORTAÇÃO, UM EXERCÍCIO 24

II. POR QUE REGRAS? 29
    1. DAR LUGAR ÀQUELE QUE BUSCA DEUS 29
    2. DO PRIMADO DA LIBERDADE ATÉ A AÇÃO CONCRETA 31
    3. REGRAS E NÃO ORDENS 34
    4. A SANTA PRUDÊNCIA 39
    5. APROVEITAR A OCASIÃO 43

III. UMA PEDAGOGIA DA CONSOLAÇÃO 47
    A. ENTRAR NA SITUAÇÃO DAQUELE
       QUE PROCURA AJUDA 48
    B. O CONSELHO: QUE MEIO
       PARA EXECUTAR UMA DECISÃO? 54
       1. A NECESSIDADE DOS MOVIMENTOS 56
       2. UMA VIDA ORIENTADA 57
    C. A CONFIRMAÇÃO DO ESPÍRITO 60

IV.	SER LIVRE PARA FAZER A VONTADE DE DEUS	65
	A. TOMAR LIVREMENTE POSIÇÃO	66
	B. BUSCAR AS FORÇAS QUE ABREM O CAMINHO	75
	1. UMA RELAÇÃO A TRÊS, MAIS UM	81
	2. A TÁTICA DO RELATO	83
	3. SOB A AUTORIDADE DE DEUS	88
	4. A PAZ COMO MOVIMENTO	91
V.	ENCORAJAR E CORRIGIR: ENCONTRAR DEUS PARA DISCERNIR	93
	A. UMA VISÃO GERAL DA RESPOSTA: MANTER O ELÃ DE GENEROSIDADE	94
	B. TEMPERAR A EMULAÇÃO RELIGIOSA	97
	C. VIVER DA PERFEIÇÃO DE DEUS OU OUTRA PERFEIÇÃO...	100
	1. NA PERSPECTIVA JUSTA	100
	2. A PERFEIÇÃO: O QUE DEUS REALIZA	103
	D. A OBEDIÊNCIA DA RELAÇÃO	104
	1. DO DEVER AO DESEJO	104
	2. A OBEDIÊNCIA PARA ENCONTRAR A BOA MEDIDA	109
	3. FAVORECER A UNIDADE	111
VI.	DEUS, O CONSELHEIRO E A CARTA	115
	A. ESTABELECER OS CORRESPONDENTES EM UMA SANTA DISPOSIÇÃO	120
	B. AS PALAVRAS DO HOMEM EXPERIENTE	122
	1. O CONSELHEIRO COMO REVELADOR	123
	2. O CONHECIMENTO DAS ALMAS E DE SI	126
	C. CARTAS, ORAÇÕES E CONSOLAÇÕES...	129
CONCLUSÃO		135
ÍNDICE DOS TEXTOS CITADOS DE INÁCIO DE LOYOLA		139

AGRADECIMENTOS

Este livro nasceu de conversas ao redor de saborosas leituras das cartas de Inácio de Loyola com um grupo de amigos jesuítas e de religiosas de espiritualidade inaciana que se reconhecerão. Graças a eles me veio a ideia de propor uma leitura atenta de algumas cartas aos estudantes das faculdades jesuítas de Paris – Centre Sèvres. Esses estudantes, por meio de suas observações, de suas questões e sugestões, me levaram a escrever esta obra, a que lhes devo muito.

Eu quis manter essa atenção dada a alguns textos, segundo uma pedagogia que meus colegas professores e eu prezamos. Com sagacidade, Pierre-Antoine Fabre releu ainda uma vez as páginas que eu havia escrito. Mestres da Companhia de Jesus me ensinaram a decifrar as dinâmicas da vida espiritual, e, como primeira cabeça, quero saudar a memória dos padres Odilon de Varine (1930-2016) e Denis Delobre (1933-2017) e a alegria consoladora deles. Que todos sejam aqui agradecidos pelos diálogos que tivemos, assim como a Yves Roullière, que uma vez mais me ofereceu sua confiança e amizade ao me receber nas Éditions Lessius.

Enfim, este livro não teria visto o dia sem a amizade e a hospitalidade de inúmeras pessoas da Haute-Maurienne, particularmente no Gite du Toët, no Mont-Cenins, em Bonneval, e em Lans-le-Bourg. Que meus companheiros Sébastien Carcelle, Guilhem Causse e François Rey, que acompanharam nesses lugares a primeira redação deste texto, sejam saudados. E, como uma homenagem, dedico também esta obra à minha mãe e à Marie-Agnès, que, mesmo na doença, jamais deixaram de se corresponder comigo.

INTRODUÇÃO

Três razões levam as pessoas a se interessar atualmente pelas cartas de Inácio de Loyola. A primeira é, sem dúvida, a menos direta: ela chama cada um a meditar suas maneiras de falar. Inácio, para retomar o título de um notável estudo de Peter-Hans Kolvenbach, era um "mestre de palavras"[1]. Os jesuítas são chamados a ser pregadores e homens de diálogo. Embora Inácio tenha deixado muitos escritos, ele não é considerado um autor espiritual, um escritor, diferentemente de numerosos jesuítas que, depois dele, deram à luz uma abundante literatura espiritual. A palavra é, para Inácio, um meio de ajudar os outros. Ele se dirige àquele que busca socorro. A escritura é um meio de agir. Segundo ele, preservamos três ações da escritura: consolar, aconselhar, exortar.

Um segundo interesse surge. "A espiritualidade inaciana", segundo o *Dictionnaire de spiritualité*, "não deixou de dar ao desenvolvimento da orientação espiritual um impulso vigoroso. Seu fundador foi pessoalmente, e por vocação, se podemos dizer, um orientador predestinado"[2]. A orientação espiritual — ou o acompanhamento — é, com efeito, muito ligada aos jesuítas.

---

1. KOLVENBACH, P.-H., *Fous pour le Christ. Sagesse de Maître Ignace*, Bruxelas, Lessius, 1998.
2. RAYEZ, ANDRÉ, Direction spirituelle. *Dictionnaire de spiritualité*, t. III, Paris, Beauchesne, 1957, col. 1115.

O *Dictionnaire de spiritualité* continua: "É à pregação dos Exercícios e aos seus colégios que a Companhia de Jesus deve, principalmente aos diretores que mereceram sua reputação. Em seus alunos, a influência de um ou de muitos padres, na maioria das vezes, superior, atingia os meios mais diversos". Pelos colégios e pelas residências se institui a prática da orientação espiritual, que se junta, muitas vezes, confundindo-se com ela, com a confissão. A orientação espiritual é um meio de uma empresa maior: o catolicismo moderno, que visa cristianizar a sociedade, em particular na organização de seus estados de vida e dos deveres que lhes são ligados. Qual é, portanto, a função da orientação espiritual? Organizar a própria vida, governar a vida dos outros, moralizar a sociedade, conduzir para a perfeição, levar ao autoconhecimento... nenhuma dessas respostas está errada, mas todas parecem distantes do que Inácio demonstrava fazer por si mesmo! "Ajudar as almas", preferiria ele ter dito, ou, ainda, mais uma vez, consolar, aconselhar, exortar. O que fazia, portanto, Inácio quando conversava com os outros?

Terceira razão para se interessar pelas cartas de Inácio de Loyola: certamente, elas respondem às questões que nossos dois interesses anteriores levantam: descobrir a utilização da palavra e, por meio dela, uma forma de entrar em relação, compreender melhor de onde vem a prática da orientação espiritual que continua a ser um traço principal da espiritualidade inaciana e das missões da Companhia. E, sobretudo, as cartas de Inácio oferecem um meio maravilhoso de reler o conjunto dos escritos de Inácio e de ver a sua obra, que não é feita somente de escritos, mas também de práticas, de maneiras de viver como cristão, desejosos de servir à missão de Cristo. As cartas têm o mérito de nos fazer entrar na forma de "proceder" de Inácio: para a Companhia de Jesus, existem regras, *Constituições*; para os Exercícios, outras regras e uma proposição de pedagogia espiritual. Quanto às cartas, longe de ser uma substituição da conversa, uma suplência, não seriam elas antes a conversa levada ao seu ponto mais alto? Ao se dirigir a seu interlocutor ausente, Inácio nunca deixa de se referir a Deus, para cuja ação a carta abre caminho.

Vamos nos manter em guarda, no entanto: as cartas de Inácio, pouco mais de 6 mil, não nos revelam a última palavra sobre o que fazia Inácio. Elas nos envolvem em um trabalho de interpretação, para o qual é útil o conhecimento das *Constituições*, dos *Exercícios*, mas também de textos com *status* mais incertos, do *Diário* e dos *Relatos*, sem que todos sejam confundidos em um único discurso. Os *Exercícios* e as *Constituições* abrem espaços possíveis de ações, ou os limitam, ao oferecer regras para decisões futuras; as cartas indicam escolhas que foram feitas por Inácio ou propostas a outros, mas nos fazem perceber, na contingência das soluções adotadas, a profundidade com que Inácio percebia as situações e a maneira como nossa liberdade podia encontrar um caminho. Com as cartas, Inácio age para que se descubra a ação de Deus.

Uma vez enunciados esses três interesses, um determinado uso da palavra, uma prática do acompanhamento, e uma abordagem da obra de Inácio, vamos para a única questão que nos anima: o que faz Inácio quando dá um conselho espiritual? No imenso conjunto de cartas, esta questão opera já uma repartição: muitas das cartas são diretrizes para o governo das províncias jesuítas, para o envio em missão, para a regulamentação de questões políticas por meio das quais a Companhia se empenhava em expandir, e muitas são somente breves notas ou bilhetes. O livro de Dominique Bertrand, *La politique de saint Ignace*, contornou a questão em seiscentas páginas[3]. Quanto a nós, procuramos observar a maneira como Inácio de Loyola responde às questões de vida espiritual que lhe são colocadas por aqueles que o consideram um mestre, seja antes da fundação da Com-

---

3. BERTRAND, D., *La politique de saint Ignace*, Paris, Cerf, 1985.

panhia ou depois, em um momento em que sua situação de primeiro prepósito geral lhe dá uma autoridade especial.

Procederemos à leitura de algumas cartas. Talvez o leitor se surpreenda com uma escolha tão restrita. Preferimos sugerir uma maneira de ler e de descobrir uma prática. Escolher algumas cartas nos conduz a tomar outra decisão: ler apenas as de Inácio de Loyola sem restituir as trocas entre Inácio e seus correspondentes. O trabalho dos editores espanhóis dos *Monumenta* no início do século anterior oferece, é verdade, determinadas possibilidades. Ao olhar mais de perto, entretanto, não se dispõe da correspondência seguida, exceto quando se trata dos primeiros companheiros de Inácio. Proporemos, em um próximo livro, uma leitura dessas correspondências[4]. Entrar na correspondência entre Inácio e seus companheiros exigiria, para esclarecimento do leitor atual, uma importante erudição[5]. Seria preciso se desviar do objetivo perseguido aqui, se lhe fosse permitido ler por sua vez uma correspondência facilmente acessível em antologias. A leitura das cartas de Inácio permite entrar em sua espiritualidade, descobrindo como concebia o que estava no cerne de seu desejo de ajudar as almas. Este livro sofre, portanto, de um limite profundo. Amplifica demais a voz de Inácio. Esperamos que o leitor descubra o estilo dele.

---

4. Eu levo este trabalho com Pierre Antoine Fabre na esperança de entrar nas relações que se teciam entre os primeiros companheiros, interrogando-nos menos, então, sobre a prática do conselho do que sobre o movimento da fundação e de seus atores.

5. Encontrar-se-á ainda uma abordagem em RAHNER, HUGO (éd.), *Ignace de Loyola et les femmes de son temps*, 2 vol., Paris, Desclée de Brouwer, coll. Christus, 1963. Esse livro entra no tipo de relação que Inácio estabelecia com as "mulheres do seu tempo", revelando seu universo social e religioso. Se urge dar a ler as trocas de Inácio com os seus correspondentes, homens e mulheres, o trabalho necessário exige a paciência da pesquisa. A biografia de ENRIQUE GARCIA HERNAN, *Ignacio de Loyola*, Taurus, Madri, 2013 (trad. fr. P.-A. Fabre, Paris, Seuil, 2016), fornece doravante o quadro histórico e a trama narrativa dessas relações.

INTRODUÇÃO

Longe de ser uma suma ou uma síntese, este livro visa, portanto, a uma introdução, na forma de primeira exploração. Muitas precisões históricas ficarão na sombra. Os problemas teológicos apenas aflorarão. Não procuraremos estabelecer mais um método de acompanhamento que seria hoje transponível. Parece-nos possível, por outro lado, descrever uma fórmula sem tentar padronizar uma prática. Entramos, assim, em uma questão fundamental que propõe a espiritualidade inaciana, a da relação com a regra: por que Inácio propõe regras de discernimento e também regras de vida se ele quer dizer, como afirma, fazer uso de uma liberdade que, segundo ele, Deus dá ao homem? Se há pedagogia espiritual, há mestre, e então se coloca a questão de sua autoridade, isto é, da natureza da relação que se instaura entre aquele que pede conselho e aquele que o dá. Será necessário, portanto, interessar-se pelos conselhos que são dados, pelo que eles trazem, pelo que eles implicam. Os discursos de Inácio contêm um poder de persuasão, uma autoridade sobre a qual se deverá perguntar de que forma conta com a liberdade de quem se dirige ao conselheiro.

A hipótese, espiritual, que formulamos é que a articulação da autoridade do conselheiro com a liberdade daquele que pede conselho se lança na pedagogia da consolação proposta por Inácio. Dessa forma, cada um, com a ajuda benevolente de outro cuja experiência é reconhecida, encontra a regra de sua conduta. Devemos, portanto, focar tanto nos conselhos dados quanto na maneira pela qual Inácio concebe que ele deve dar e pensa que podem ser recebidos. Para dizer em outras palavras, veremos que Inácio está atento ao que ele faz quando dá um conselho espiritual, ou quando o escreve. Sem dúvida, não é o mesmo para aquele que recebe uma carta e deve renunciar, assim, ao apoio da presença do conselheiro e do lugar que ele poderia ocupar. Uma janela pode se abrir desde então para o que foi para ele uma das atividades principais de sua existência, envolver-se na correspondência.

Seguiremos, portanto, seis etapas: a princípio (cap. I), descrevo a atividade epistolar de Inácio no que diz respeito aos espaços missionários e às práticas missionárias que ele define para a Companhia, o que será uma forma de afirmar como os *Exercícios* e as conversas são meios para ajudar o próximo e se diferenciar. Depois (cap. II), distinguiremos as formas literárias de ajuda, o que são exortações, os conselhos e as pregações. Então, haverá o tempo de se perguntar (cap. III) por que dar regras para agir livremente, o que nos conduzirá (cap. IV) a voltar para o objetivo do conselho a fim de fazer nascer a alegria do homem prudente. É assim que se esboçará (cap. V) uma pedagogia da consolação, o que torna a pessoa consciente de si mesma para não buscar senão a Deus. Então, será o tempo (cap. VI) de concluir o modo pelo qual Inácio concebe sua atividade epistolar, que, com o conselho ou a exortação, abre para a consolação um espaço no qual se descobre a ação de Deus.

# I

CONVERSAS E *EXERCÍCIOS ESPIRITUAIS*, A AJUDA AO PRÓXIMO

Atualmente, quando se decide formar alguém com o acompanhamento espiritual segundo os ensinamentos de Inácio de Loyola, deve-se, em primeiro lugar, promover uma iniciação aos *Exercícios espirituais*. Se o elo entre os *Exercícios* e a orientação era evidente, Inácio cuidava em distingui-los quando os reunia, entretanto, em seu comum objetivo: a ajuda ao próximo, como indicam as *Constituições*. Contudo, antes de ser evidenciada como uma prática codificada, em particular em uma literatura profusa no século XVII e profundamente renovada depois dos anos 1950, encontrando-se com as ciências humanas e o retorno ao texto dos *Exercícios*, a ajuda para Inácio manteve o ritmo da conversa, cujas origens ele evoca em seu *Relato*.

1. NOVOS ESPAÇOS PARA
   UMA ÚNICA MISSÃO DA PALAVRA

A sétima parte das *Constituições* traz precisões úteis: os *Exercícios espirituais* são conversas que levam o próximo ao caminho do bem:

[648]
8. Eles também se esforçarão por fazer o bem pessoalmente aos indivíduos por meio de conversas piedosas, aconselhando-os, exortando-os à virtude ou ensinando-lhes os *Exercícios espirituais*.

Os *Exercícios espirituais* são definidos como um meio de ajudar o próximo, segundo o título da sétima parte das *Constituições*, em um capítulo em que Inácio percorre os lugares nos quais a ajuda será levada de duas formas — por meio da pregação da Palavra de Deus e das conversas santas. Em quatro breves parágrafos se esboça o programa missionário da Companhia de Jesus, que distingue dois usos da palavra: um público (645-647), na pregação, outro privado (648-649), por meio das "santas conversas", que reúnem conselhos e exortações, assim como os *Exercícios espirituais*.

Contudo, a ajuda ao próximo por meio da palavra tem um único objetivo: circular do espaço público da pregação ao espaço privado da conversa. Com efeito, Inácio descreve como a pregação ocorre não somente nas igrejas da Companhia, nos sermões e nas catequeses, mas também em outras igrejas. Principalmente, os "espaços públicos", entre outros lugares, podem ser adequados:

[645]
6. Aqueles que o Superior aprovar e designar para isso, exponham assiduamente ao povo, na igreja, a palavra de Deus, em sermões, lições sacras, e no ensino da doutrina cristã. Ele determinará o modo e a ocasião em que isso se há de fazer, como julgar melhor para a glória de Deus e a edificação das almas.

[646]
Pode acontecer de, em algumas regiões, não ser oportuno, em certos tempos, o uso destes meios ou de alguns deles. A constituição não obriga a empregá-los senão quando o Superior julgar que os

CAPÍTULO I.
CONVERSAS E *EXERCÍCIOS ESPIRITUAIS*, A AJUDA AO PRÓXIMO

deve impor. Limita-se ela a mostrar a intenção da Companhia, de usar esses três meios, ou só dois deles, ou só aquele dos três que parecer mais conveniente, nos lugares que há de estabelecer-se.

[647]
7. Tudo o que foi dito se pode também fazer fora da igreja da Companhia, noutras igrejas ou nas praças, ou em diversos lugares da região, quando aquele que é responsável o julgar oportuno para a maior glória de Deus[1].

Ao passar do espaço religioso para o espaço civil, Inácio transpôs um obstáculo. Com efeito, desde Inocêncio III, no início do século XIII, pregações e exortações eram alojadas em igrejas[2]. Para regularizar os movimentos reformadores, como os *humilati*, dos quais aparecem as ordens mendicantes, a pregação da Palavra de Deus e o ensino da fé eram feitos nas igrejas, e não nas praças. Além disso, somente os padres enviados por um superior estavam autorizados a isso[3]. Inácio tinha os encargos: as suspeitas dos dominicanos de Salamanca, como lembra o *Relato*, encontravam nesses regulamentos a sua origem. Sem abrir mão de seu desejo, mas sem contrariar o direito da Igreja, Inácio encontrou os meios para abrir uma passagem. Ele se pôs a estudar, tornou-se sacerdote. Obter a aprovação da Santa Sé para os *Exercícios espirituais* e

---

1. *Constitutions*, VIIe partie. Doravante, para os textos de Inácio, cf. IGNACE DE LOYOLA, *Écrits*, Paris, éd. Giuliani, Desclée de Brouwer, coll. Christus, 1991. [Para esta edição brasileira ver: "Parte VII", in: LOYOLA, INÁCIO DE, *Constituições da Companhia de Jesus*. Tradução: Joaquim Mendes Abranches. Lisboa: Pode Imprimir-se/Braga: Imprimatur, 1975, 217. As referências serão feitas diretamente a partir das obras indicadas de Edições Loyola: *O relato do peregrino* (Relato), *Cartas escolhidas* (CE) e *Exercícios espirituais* (EE). As *Constituições* da Companhia de Jesus serão citadas como CS. (N. do T.).]
2. Cf. CONWELL, JOSEPH F., *Impelling Spirit. Revisiting a Fouding Experience. 1539 Ignatius of Loyola and His Companions*, Chicago, Loyola Press, 1997.
3. Cf. BÉRIOU, NICOLE, *L'avènement des maîtres de la Parole. La prédication à Paris au XIIIe siècle*, Paris, Institut des études augustiniennes, 2000.

para as *Constituições* da Companhia lhe permitiu também oferecer ajuda espiritual a todos.

Ao abrir o espaço da pregação a outros lugares além das igrejas, incluindo as praças públicas, Inácio deu aos jesuítas a possibilidade de atingir os particulares no âmbito de sua vida cotidiana. A esses, nas pregações públicas, ele apresentou os *Exercícios* feitos por meio de exames de consciência e pelo aprendizado das orações vocais. Os *Exercícios espirituais* completos deviam ser aplicados "a poucas pessoas".

[649]
F. Não se devem dar os *Exercícios espirituais* por inteiro senão a poucas pessoas, de cujo aproveitamento se possa esperar grande fruto para a glória de Deus. Mas podem-se dar a muitos os *Exercícios* da primeira semana; e a um público ainda muito maior podem dar-se alguns exames de consciência, e alguns modos de orar, especialmente o primeiro dos três que se propõem nos *Exercícios*. Qualquer pessoa de boa vontade será capaz de fazê-los.

Um duplo movimento anima, assim, esses quatro parágrafos das *Constituições*. Vai-se, por extensão, para um maior número e uma maior indeterminação (da igreja da Companhia às praças públicas e a qualquer lugar); depois, em um movimento invertido, parte-se do maior número e volta-se para alguns que foram escolhidos, prestes a tirar proveito dos *Exercícios espirituais* dados integralmente. A dilatação do espaço missionário e a diversificação dos tipos de discursos (pregação, exortação, conversas, oração) são colocadas no mesmo horizonte da ajuda ao próximo. Todos são direcionados (a praça pública) segundo modalidades diferentes, que vão da pregação para todos aos *Exercícios* completos para alguns. Essa articulação do mais extenso ao mais singular tem as suas raízes em uma concepção espiritual e retórica da ajuda. É o que vamos ver agora.

CAPÍTULO I.
CONVERSAS E *EXERCÍCIOS ESPIRITUAIS*, A AJUDA AO PRÓXIMO

2. "QUEM QUER ENCONTRAR AJUDA"

Todo homem formado na retórica sabe: nenhum discurso atinge seu fim sem considerar aquele a quem se dirige e as circunstâncias nas quais se enuncia e se recebe. Prática comum nos tempos de Inácio, entre os pregadores, assim como na sociedade civil, entre os juristas, homens de tribunal e secretários. E mesmo os poetas e os espirituais. A retórica é não somente a matriz do ensinamento e dos saberes, mas ela dá forma às relações sociais, na medida em que regulariza os usos da palavra judicial, política e religiosa. Ela é o local nativo da cultura[4]. O objetivo do destinatário do qual se consideram as qualidades para regular seus enunciados é comum a uma concepção de fundo dos *Exercícios*. Sem dúvida, existe uma razão para o investimento intenso dos jesuítas na retórica. Ela se origina de uma visão pedagógica por meio da qual se acredita que aquele que é ensinado é considerado um sujeito desejoso. Inácio não deixa de destacar que se trata da maneira pela qual Deus procedia com ele[5].

A medida daquilo que se dá como exercício é determinada considerando-se "aquele que quer encontrar ajuda".

[18]
1. *Décima oitava anotação*. Os *Exercícios espirituais* devem ser adaptados à disposição das pessoas que desejam fazê-los. Isto é, conforme a idade, a instrução ou seus dons. 2. Não deem a quem é rude ou pouco tolerante coisas que não possa carregar sem fadiga e de-

---

4. Para uma apresentação desenvolvida das relações entre retórica e cultura, pode-se referir a FUMAROLI, MARC (dir.), *Histoire de la rhétorique dans l'Europe moderne (1450-1950)*, Paris, PUF, 1999, e, para o elo entre a retórica e a pedagogia jesuíta, cf., do mesmo autor, FUMAROLI, M., *L'âge de l'éloquence. Rhétorique et "res literária" de la Renaissance au seuil de l'époque classique*, Paris, Albin Michel, 1994 (1980).
5. Cf. GANTY, ÉTIENNE; HERMANS, MICHEL; SAUVAGE, PIERRE (orgs.), *Tradition jésuite. Enseignement, spiritualité, mission*, Bruxelas/Namur, Lessius, coll. Doner raison/PUN, 2002.

las tirar proveito. 3. Do mesmo modo, dar-se-á a cada um segundo queira se dispor, para que mais se possa ajudar e aproveitar.

4. Portanto, a quem deseja ajudar-se e instruir-se, até certo grau de satisfação espiritual, dê-se o exame particular, depois o exame geral, 5. então, de manhã, por meia hora, o modo de orar sobre os mandamentos, sobre os pecados capitais etc.

Considere-se a fórmula: Inácio não fala daquele que se quer ajudar, mas daquele *que quer* encontrar ajuda. Àquele que se ajuda, Inácio atribui a condição de sujeito. Não é o orientador, termo que Inácio ignora tanto quanto o de acompanhante, que vem primeiro; uma pessoa vem encontrar alguém com uma pergunta. No entanto, aquele que dá os *Exercícios*, para falar como Inácio, determina o que poderá permitir àquele que vem encontrá-lo para progredir. É então que ele escolherá, na gama dos Exercícios, que lhe oferece o livreto, o que convirá. Existe, pois, no livreto destinado a propor retiros uma regra de adaptação cuja medida foi dada por aquele que pede ajuda e que deve avaliar quem foi consultado.

Essa anotação indica o cerne da prática dos *Exercícios* e o constante ajustamento que deve operar aquele que os promove. O livreto foge daquilo que Maurice Giuliani denominava o "texto do exercitante"[6]. O texto dos *Exercícios* se alinha com aquele que pede ajuda. Aquele que promove os Exercícios se utiliza do livreto em função do retirante, de sua história, de suas expectativas, de suas capacidades. O texto dos *Exercícios* chama à reflexão aquele que os promove, que a partir de então nunca fará a mesma coisa. Experiências, discursos e práticas se coordenam no percurso dos *Exercícios* segundo um processo que descreve o livreto. Ele fornece as regras desse livre jogo entre o que dá e o que recebe e a matéria dos Exercícios a ser proposta. Fazer os *Exercícios*

---

6. GIULIANI, M., Le texte du retraitant, *L'experience des Exercises spirituels dans la vie*, Paris, Desclée de Brouwer, coll. Christus, 2003 (1990).

engloba, portanto, práticas (os exercícios a dar e a fazer, e tudo o que isso possibilita, um lugar para retirar-se, pessoas preparadas para promover esses Exercícios, e assim por diante), discursos (o que diz aquele que dá os *Exercícios* àquele que os recebe; não está escrito em nenhuma parte, e o livreto apenas fornece algumas indicações, precisas, mas que não são absolutamente fórmulas para repetir; o que diz o retirante ao que dá os Exercícios), discursos cujos exercícios possibilitam o experimento. Quem decide a agenda dos discursos e das práticas é quem dá os *Exercícios* com base no que conhece daquele que os solicita.

As cartas permitem que se conheçam as situações em que Inácio opera essa combinação que os *Exercícios espirituais* proporcionam. Por tudo isso, nós ouviremos apenas os ecos das vozes a quem foram dados esses conselhos. Para voltar às modalidades que as *Constituições* distinguem, estamos no tempo das "santas conversas", nas quais alguns exercícios foram dados sem preencher sua plenitude.

3. O GOSTO DA CONVERSA

O improviso da conversa não deve nos enganar a respeito do caráter reflexivo que encontra em Inácio.

> Um dia, um espanhol rico o encontrou e lhe perguntou o que fazia e aonde queria ir. Quando soube de sua intenção, levou-o para cear em sua casa e o reteve alguns dias, até que tudo estivesse pronto para a partida. Desde Manresa, o Peregrino tinha este hábito: quando ceava com outras pessoas, nunca falava à mesa, exceto para responder brevemente. Mas escutava o que se dizia, guardando algumas coisas que lhe dessem ocasião de falar de Deus, o que fazia depois da refeição[7].

---

7. *O relato do peregrino*, § 42.

Ouvir em silêncio torna possível aproveitar, entre as circunstâncias e os propósitos imprevistos, a oportunidade de abordar alguém num momento mais favorável do que o de uma refeição. Inácio buscava algo que permitia ao seu interlocutor tirar proveito da conversa. É uma prática refletida, e não o entusiasmo de uma troca em vão.

Inácio se recorda de que a conversa pode ser uma oportunidade de salvação ou uma prova de reclusão. O *Relato* mostra como, com efeito, depois de sua confissão geral em Montserrat, Inácio se entregou a grandes crises de escrúpulos.

> Assim, mesmo se confessando, não ficava satisfeito. Por isso, ele começou a procurar orientadores espirituais que o curassem dos escrúpulos. Mas nada o ajudava. Enfim, um doutor da catedral, homem muito espiritualizado que ali pregava, disse-lhe, um dia, que escrevesse tudo quanto pudesse se lembrar. Assim ele fez. Depois que se confessou, ainda assim, os escrúpulos retornavam, cada vez mais sutis, de modo que se via muito atormentado. Embora, de certo modo, soubesse que tais escrúpulos lhe fizessem grande mal e que seria bom se livrar deles, não conseguia levá-los a termo por si mesmo[8].

Inácio está preso em um impasse: sozinho, nada pode; as conversas não o acalmam. O resultado indica o que se tornará em Inácio o fundamento da ajuda espiritual:

> Ele perseverava em sua abstinência de carne com firmeza, e não pensava em mudar neste ponto de nenhum modo. Um dia, porém, de manhã, quando se levantou, havia diante dele carne para que comesse, como se ele a visse com os olhos do corpo, sem ter tido, antes, nenhum desejo de comê-la. Ao mesmo tempo, lhe veio um forte assentimento da vontade, para que, doravante, a comesse.

---

8. *O relato do peregrino*, § 22.

CAPÍTULO I.
CONVERSAS E *EXERCÍCIOS ESPIRITUAIS*, A AJUDA AO PRÓXIMO   23

Embora se lembrasse do propósito anterior, não podia ter dúvidas sobre esse assunto, mas ia decidir que devia comer carne. Quando, depois, relatou isso a seu confessor, este lhe disse que verificasse se, por acaso, não seria uma tentação. Mas, examinando tudo muito bem, ele nunca teve dúvidas sobre esse ponto. Nessa época, Deus se comportava com ele como um professor se comporta com seu pequeno aluno: ensinando-o. Que isso fosse por causa de sua rudeza e de seu espírito grosseiro, ou porque não tinha quem o ensinasse, ou por causa da firme vontade que Deus mesmo lhe dera de servi-lo, sempre julgou com clareza que Deus assim o tratava. Além disso, pensava que ofenderia a sua Divina majestade se duvidasse. Pode-se verificar alguma coisa sobre isso nos cinco pontos seguintes[9].

Inácio foi libertado por um movimento interior, um "consentimento da vontade", que ele "examina" e do qual fala a um terceiro, movimento que ele interpreta como a maneira pela qual o próprio Deus se comporta com ele para instruí-lo. Transposto no texto dos *Exercícios*, esse fundamento será a anotação 15:

Contudo, em tais *Exercícios espirituais*, mais conveniente e muito melhor é que, procurando a vontade divina, o mesmo Criador e Senhor se comunique com a pessoa espiritual, (4) abraçando-a em seu amor e louvor e dispondo-a para o caminho em que melhor poderá servi-lo depois. (5) Assim, aquele que dá os *Exercícios* não opte nem se incline a uma parte ou a outra, mas, ficando no meio, como o fiel de uma balança, (6) deixe o Criador agir imediatamente com a criatura e a criatura com seu Criador e Senhor[10].

Essa abstinência não retira a palavra de quem dá os *Exercícios*. Mas uma regulação da conversa se esboça: de um lado, como refe-

---
9. *O relato do peregrino*, § 27.
10. *Exercícios espirituais*, nº 15. Daqui em diante, a referência aos *Exercícios* será grafada apenas como EE, seguida do número do parágrafo.

ria o relato do episódio na mesa do rico Espanhol, a conversa pede uma atenção por meio da qual Inácio capta o assunto e o momento favorável para o proveito do interlocutor. Ela é regularizada por ele na incerteza da resposta. Nós o veremos agir assim em suas respostas a Bórgia ou a Vergara (caps. V e VI). A correspondência não encontra problemas para lançar o tempo que ela impõe e permite. De outro lado, o papel daquele que ajuda é limitado, levando em consideração o lugar de Deus para com seu interlocutor. É a esse lugar que o acompanhado será conduzido a descobrir. Nem todos podem. Com efeito, relemos aqui as *Constituições*, para um público ainda muito maior, "podem dar-se alguns exames de consciência e alguns modos de orar, especialmente o primeiro dos três que se propõem nos *Exercícios*. Qualquer pessoa de boa vontade será capaz de fazê-los" (CS 649). A partição do conselheiro é amplamente disputada aqui. A conversa articula atividade e passividade daquele que ajuda. Antes de tudo, ele considera aquele a quem está se dirigindo e as circunstâncias de sua mudança. Depois, escolhe um assunto entre os que inesperadamente lhe dão o percurso da conversa da qual participa com moderação. Enfim, ele é animado pela convicção de que Deus age em cada um e de que alguns podem descobrir a sua maneira de se aproveitar disso.

As cartas de Inácio farão ouvir as variações, no sentido musical do termo, que dão origem a este regulamento espiritual da conversa. Aquele que ajuda fala: "santas conversas".

4. DAR UM CONSELHO,
UMA EXORTAÇÃO, UM EXERCÍCIO

Quando as *Constituições* detalham as "santas conversas", afirmam que se trata de "se tornar úteis aos indivíduos", "dando conselhos, exortando os exercícios espirituais". Voltaremos a essas modalidades discursivas de ajuda ao observar algumas cartas. Mas uma análise prévia se impõe sobre a natureza desses discursos.

Quando lemos hoje os textos espirituais — além do caso particular dos *Exercícios* —, esquecemo-nos de que, na maioria das vezes, eles se enquadram, em grande parte, nesse tipo de declaração que tem o objetivo de atuar. A retórica ajuda a compreender os discursos como meios de uma ação para si ou para os outros.

Não é inútil lembrar aqui que a retórica distinguia três gêneros de discursos a partir de seus objetivos: o demonstrativo, por meio do qual se comunica um conhecimento de uma pessoa, de uma situação ou de algo para louvá-la ou culpá-la; o judiciário, que tem em vista defender seu interesse ou do cliente e de acusar aquele que lhe causa prejuízo; o deliberativo, para aconselhar ou dissuadir o ouvinte de empreender uma ação. A esses três gêneros associam-se as ações valorizar, julgar e decidir. Destaca-se também a visão predominante na relação que estabelece o discurso entre o orador, o ouvinte e a matéria do discurso. No demonstrativo, o objeto do discurso vem primeiro (o que deve ser conhecido para elogiá-lo e culpá-lo); no judiciário, é o interesse do orador (ou da parte que ele representa); no deliberativo, distingue-se o ouvinte para que se defina. Atribuem-se, portanto, a esses gêneros os valores visados. No deliberativo, para se ater ao conselho, a fim de permitir que o ouvinte faça algo bom ou ruim, útil ou nocivo, agradável ou desagradável. Enfim, o orador podia, graças a essa classificação, determinar as paixões principais a serem suscitadas para se comunicar com seu público: a severidade e a doçura para a palavra judiciária; o temor e a esperança para ajudar a se determinar; o prazer para fazer conhecer. É aí que se encaixava a técnica oratória, da elaboração do discurso até suas figuras de estilo e sua declamação[11].

---

11. Numerosas apresentações, cf. REBOUL, OLIVIER, *Introduction à la rhétorique*, Paris, PUF, 2001.

O quadro a seguir resume a organização dos discursos[12].

	Público	Ato	Valores
O judiciário	juízes	acusar — defender	justo — injusto
O deliberativo	assembleia	aconselhar — desaconselhar	útil — nocivo
O demonstrativo	espectador	louvar — culpar	nobre — vil

Esse desvio por meio da retórica certamente não seria útil se não permitisse atrair nossa atenção para a consciência aguda que todos os autores têm da Antiguidade até uma época recente, dos usos da palavra adaptados a um ouvinte e tendo em vista um efeito social e moral.

Os autores espirituais passam por essa concepção da palavra e se aproveitam dela para guiar outros no caminho de quem crê. Tomemos por exemplo o que escrevia Gregório de Nissa, na *Vida de Moisés*, para quem as Sagradas Escrituras pode servir de guia por meio da prática de uma meditação atenta que permite encontrar nessas histórias de outra época o que ainda se pode procurar de Deus. Se ele propõe modelos de virtude e frustra as armadilhas que podem se apresentar diante daquele que deseja progredir, sabe também como suas exortações não substituem o desejo de seu leitor. Para isso, ele toma dos jogos do circo um exemplo. Meu discurso não seria semelhante aos desses espectadores que acreditam que, por meio de seus gritos, podem dar força ao atleta?

> Os espectadores dos jogos equestres, quando veem os seus favoritos comprometidos na luta da corrida, embora não negligenciem nada para ir mais rápido, não conseguem evitar, em seus anseios de vê-los vencer, de lançar gritos do alto das tribunas; seus olhos correm junto aos corredores; eles excitam (pelo menos acreditam) o cocheiro a um movimento mais rápido; eles dobram os joelhos

---

12. A Wikipedia oferece um excelente artigo sobre esse assunto: <http://fr.wikipedia.org/wiki/Rhétorique>. Acesso em: maio 2016.

ao mesmo tempo que os cavalos e levantam suas mãos para eles, agitando-as como um chicote. Não é que essas manifestações ajudem a vitória, mas o interesse que elas levam ao lutador os empurra a testemunhar o seu favor pela voz e pelo gesto. Parece-me que eu faço a teu respeito alguma coisa semelhante, a ti, o mais estimado dos amigos e dos irmãos, quando ao te ver tomar parte na arena da virtude à corrida divina e depressa, em passos rápidos e leves, para a "recompensa à qual Deus nos chama do alto", eu te excito por meio de minhas palavras, eu te pressiono e eu te exorto a aumentar a velocidade e o ardor. Isso, eu o faço, impelido não por algum elã irrefletido, mas em meu desejo de te ver cumulado de bens, como um filho muito amado[13].

A exortação, como o conselho, é ocupada pelo cuidado benevolente do outro. Mas Gregório de Nissa desloca a questão da eficácia do discurso: longe de ser o que permite ao cavaleiro encontrar sua força, ele manifesta, antes, a visão comum do bem procurado (a vitória, e Deus por analogia) e a relação fraterna assim instaurada. Gregório de Nissa não pensa que seu discurso possa proporcionar a seu interlocutor a força de viver segundo a virtude; ele manifesta seu interesse para que seu amigo alcance a vitória e mantenha seu caminho. Sem o elã que anima o interlocutor, e que, na melhor das hipóteses, o discurso pode despertar, o discurso do conselho, por mais estimulante que seja, nada pode[14]. Uma linha divide a manipulação oratória da exortação fraterna e amiga quando que ela orienta a força do discurso sobre a capacidade de seu ouvinte de se decidir. Essa é a propriedade do gênero deliberativo ao qual pertence o discurso do conselho. Abstrai-se do quadro no qual o ouvinte teria apenas de executar o que o discurso prescreve (uma ordem, mesmo presente à luz falaciosa do conselho). A conversa espiritual não se afirma em

---

13. Nissa, Gregório de, *La vie de Moïse* ou *De la perfection em matière de vertu*, Paris, Cerf, coll. Sources chrétiennes, 1942, 1.
14. Gregório de Nissa afirma-o explicitamente.

uma relação de poder, mas em uma relação de autoridade, distinção, para a qual as cartas de Inácio nos permitirão voltar. Do mesmo modo, a conversa espiritual não é o lugar da apropriação de um saber (uma catequese didática), embora os saberes sejam mobilizados nos conselhos. Para aquele a quem se dirige, o conselho tem como objetivo que ele se decida: o discurso procura colocá-lo em movimento, por meio da razão ou dos sentimentos, o que supõe da parte do conselheiro certa disposição em relação ao seu interlocutor. Caráter (*ethos*), paixão (*pathos*) e razão (*logos*) são os três pilares da ação retórica.

Nós não entraremos na questão da retórica dos *Exercícios espirituais* de Inácio de Loyola. Observaremos simplesmente sua natureza complexa como tal; cada um dos Exercícios é, por seu termo, um discurso que enuncia aquele que os oferece, e que os enuncia para que o retirante, por sua vez, os enuncie novamente, de tal maneira que, dizendo-os, os faça. "Pedir a Deus o que se quer", "imaginando Cristo, nosso Senhor, diante de mim e posto na cruz, e fazer um colóquio [...] às vezes, pedindo alguma graça; às vezes, se acusando [...]". Os Exercícios são escritos para que aquele que os enuncia os faça em seu nome, recebendo-os totalmente de alguém, portanto, em um discurso que lhe é dirigido. Essa economia retórica dos *Exercícios* se situa no coração do caráter intransmissível da experiência porque conduz à invenção (*inventio*) do discurso próprio de cada um, por meio do qual se entra e se descobre a própria relação com Deus. Convém a nós situar aqui os discursos como ações enquanto tendemos a tratá-los como lugares de elaboração de valores e de transmissão de ideias. Vejamos como Inácio nos faz entrar nessa prática do discurso.

II
POR QUE REGRAS?

Conversa refletida e correspondência não são idênticas, queremos a ocasião de voltar a isso no fim do nosso percurso. Entretanto, uma e outra dependem de uma concepção comum: quando me dirijo a alguém, realizo uma ação, e meu discurso tem um efeito naquele que o recebe até poder, numa certa medida, jogar sobre sua maneira de agir, compreendida aí a recusa de sofrer a influência do outro. O poder do conselheiro é real, quer ele abuse de si, quer lhe seja concedido algo além do que ele acreditava exercitar. Além disso, aquele que pede conselho poderia estar deficiente de seu julgamento e esperar de seu conselheiro a responsabilidade da qual ele foge. Surge, então, a questão determinante: como aconselhar alguém deixando lugar ao trabalho do Espírito e àquele que é aconselhado sem renunciar a dar um conselho? Poder de Deus e efeito do discurso devem estar juntos para que se reflita o que permite a alguém se determinar. Graças às regras, a palavra do conselheiro não é substituída pela obra de Deus que se realiza na liberdade daquele que age. É o que procuraremos ver.

1. DAR LUGAR ÀQUELE QUE BUSCA DEUS

Antes de nos aprofundarmos na maneira pela qual Inácio procede, lembremo-nos das atitudes espirituais existentes antes dele.

Um irmão interroga um ancião dizendo: "Que boa obra eu possa fazer e viver dela?". E o idoso responde: "Deus sabe quem é bom. Mas eu ouvi dizer que um dos padres interrogou o abade Nisthérôos, o Grande, amigo do abade Antônio, e lhe disse: 'Que boa obra tem ele que eu possa fazer?'. E ele lhe respondeu: 'Todas as práticas não são iguais? A Escritura diz: Abraão era hospitaleiro, e Deus estava com ele. Elias amava o recolhimento, e Deus estava com ele. Davi era humilde, e Deus estava com ele. Portanto, o que tu vês tua alma desejar de acordo com Deus, faça-o, e vigie o teu coração'"[1].

Eis uma situação comum de pedido de conselho nos primeiros tempos de vida monástica nos desertos do Egito cristão. A conduta espiritual tinha lugar no seio das relações entre um mestre e um discípulo que vinha de tempos em tempos para encontrar um ancião. Ele ajudava por meio de sua experiência e de seu conhecimento de uma tradição oral, que eram a fonte da coleção de aforismos e de histórias.

Para responder à questão posta, o velho monge fez um desvio. Voltou-se ao ensinamento de outro mestre qualificado. Não é sua experiência que ele testemunha; o mestre observa a situação do jovem irmão a distância. Sua resposta cria uma lacuna quando oferece não um, mas três modelos. Além disso, nenhum deles vem da vida monástica, pertencem à Bíblia. A resposta está fora do relacionamento do jovem monge com o velho, mas também das condições concretas nas quais a questão fora colocada. Ao fazer isso, o conselho propõe ao jovem irmão modelos de identificação: Abraão, Elias, Davi.

O mestre introduz o jogo. Leva seu ouvinte a uma experiência de relativização que enuncia precisamente a questão "Todas as práticas não são iguais?". O sábio chama seu jovem discípulo

---

1. *Les apophtegmes des Pères*, vol. I, J.-C. Guy (éd.), Paris, Cerf, coll. Sources chrétiennes, 1993, nº 18, 113-115.

para se pronunciar, para reconhecer a legitimidade da diversidade dos caminhos espirituais. Ele corre o risco, entretanto, de criar em seu interlocutor um desequilíbrio. No entanto, onde a diversidade das atitudes propostas poderia confundir, é a Bíblia que fornece os modelos autorizados. A armadilha de que só existe uma maneira de viver é desarmada. Quanto ao mestre, ele não enuncia uma norma à qual se conformar. Ele designa o que poderia permitir ao seu ouvinte encontrar o caminho: convida o discípulo a se voltar ao desejo de seu coração. O mestre pede que seu discípulo se torne responsável por sua existência. Pede para o jovem irmão encontrar o meio que lhe convém, tendo sido afirmado que "Deus sabe quem é bom", único horizonte sob o qual a boa decisão será julgada. A pedagogia do mestre repousa na confiança de que seu discípulo poderá encontrar seu caminho e na fé de que é somente em Deus que essa verdade repousa.

Inácio de Loyola, com semelhantes convicções, no entanto, segue um caminho completamente diferente. Sua sabedoria é aparentemente cheia de regras.

2. DO PRIMADO DA LIBERDADE ATÉ A AÇÃO CONCRETA

É possível se sentir desconfortável na espiritualidade inaciana. Sua reputação de ser composta de exercícios e regras nos leva a acreditar em um combate permanente contra si mesmo, arsenal de legislação cuja obediência cega dos jesuítas seria a palavra final. É verdade que não faltam regras na pena de Inácio, mas tentemos descobrir junto a ele as razões. Partimos do lugar no qual elas se concentram, as *Constituições* da Companhia de Jesus.

Devemos admitir que uma ordem religiosa exige uma estrutura hierárquica. Inácio não descarta esse argumento da sociologia das instituições antes da carta. Ele resolve redigir as *Consti-*

tuições porque, declara ele no Prólogo, "a razão e o exemplo de outros fundadores o ensinam" (CS 34). É preciso que elas sejam "completas, claras e breves". Três qualidades que exprimem a visão desse texto legislativo das constituições, completas, para se lidar com qualquer situação; claras para diminuir as ocasiões de escrúpulos; breves, para que se possa guardar na memória, segundo os termos do Prólogo (CS 136).

Mas Inácio indica uma razão fundamental do enunciado das regras precisas e breves. "A suave disposição da Providência Divina pede a cooperação das suas criaturas." Esta é a razão primeira pela qual Inácio redige *Constituições*. É preciso entrar no raciocínio desse Prólogo, que nos colocará no coração da espiritualidade de Inácio.

> É a Suprema Sabedoria e a Bondade de Deus, nosso Criador e Senhor, que há de manter, governar e fazer avançar em seu santo serviço esta mínima Companhia de Jesus, assim como se dignou começá-la. E, da nossa parte, é a lei interior da caridade e do amor, escrita e impressa pelo Espírito Santo nos corações, que há de ajudar para isso, mais que qualquer Constituição exterior. Todavia, visto que a suave disposição da Divina Providência exige a cooperação de suas criaturas, e porque assim o ordenou o Vigário de Cristo, nosso Senhor, e nos exemplos dos Santos e a razão assim lhe ensinam em nosso Senhor; julgamos necessário escreverem-se constituições que ajudem a melhor proceder, conforme o nosso Instituto, no caminho começado do divino serviço (CS 134).

A Companhia existe graças à Bondade de Deus, e ele exerce sobre ela sua autoridade suprema. "Criador e Senhor", Deus suscitou a Companhia e a conduziu para fazê-la progredir. Essas expressões, aplicadas à vida de um corpo, são típicas da espiritualidade de Inácio. Convida a reconhecer os bens vindos do alto e a "refletir o que de meu lado eu devo oferecer". A contemplação *ad amorem* nos *Exercícios* convida o retirante a considerar como

CAPÍTULO II.
POR QUE REGRAS?

Deus se comporta na criação, fazendo-a existir, conservando-a (EE 230-236). A ação de Deus não dispensa os homens de exercer a sua razão e de aproveitar de sua experiência para dar forma e organizar o mesmo que Deus quer. Deus procede, poder-se-ia dizer, por delegação de autoridade. Deus compartilha com o homem o seu próprio poder, e é assim que a criação se torna história. Ele quer a cooperação de suas criaturas, tese fundamental de Inácio, e assim se conserva e cresce o que ele quis criar. Dotar um corpo de constituições não é, desse modo, fazê-lo nascer, mas permitir ao que foi instituído por Deus durar e desenvolver-se no mundo dos homens segundo o jogo de sua responsabilidade. A entrada na história passa pela institucionalização, uma sentença de prisão, durante a Encarnação. Mas, ao mesmo tempo, a atividade legisladora e reguladora está submetida a um princípio. A cooperação com a obra de Deus antes de passar por um aparato de leis repousa inicialmente na "lei interior da caridade e do amor que o Espírito Santo escreve e imprime nos corações". A Encarnação é fruto da Inspiração. Como se opera concretamente para os homens essa aliança divina de bondade e de autoridade?

As disposições humanas tornam efetiva no mundo a vontade de Deus que alguns reconheceram no apelo singular que eles receberam, como Inácio e seus primeiros companheiros. Muitos observaram já o cuidado de Inácio de prover as informações. Nas *Constituições*, forneceu "declarações e avisos" para "informar mais em detalhe aqueles que tinham o comando dos outros" e previu que "prescrições" fossem redigidas para organizar a vida e os ofícios nas diferentes casas e nos colégios. Pedro Arrupe lia aí os sinais de uma profunda sabedoria que sabia "distinguir o importante e o secundário, o permanente e o passageiro, o universal e o particular, o essencial e o acidental"[2]. Sem dúvida, isso foi menos

---

2. ARRUPE, P., "Notre manière d'agir" (1979), dans *Écrits pour évangéliser*, Paris, Desclée de Brouwer, coll. Christus, 1985, 408.

em razão da graduação das prescrições do que em razão de um princípio sempre enunciado, cujas cartas nos mostrarão a prática. Aos jesuítas foi pedido não modificar em nada as *Constituições*, mas decidir o que deve ser feito em função dos tempos, dos lugares e das pessoas. A ação concreta não resulta da aplicação das leis e das regras. O princípio que guia a ação, "a lei interior da caridade", abraça a ação em suas determinações concretas mediante o uso de regras que esclarecem a maneira de fazer.

3. REGRAS E NÃO ORDENS

Segundo Inácio, a regra permite encontrar a maneira convencional de agir. Ela é o motivo de uma pessoa articular particularmente sua situação com a lei geral da instituição da qual faz parte.

A seguir, veremos uma carta que Inácio enviou em 8 de outubro de 1552 aos companheiros que estavam em uma missão na época em que Inácio estava escrevendo as *Constituições*. Ele sintetiza nela o que já circulava como núcleo da sexta parte das *Constituições*, "sobre as missões", escritas em 1544-1547, em um momento em que a Companhia se ampliava e diversificava suas atividades.

> Três considerações terá o que foi enviado, nesta Companhia, para trabalhar na vinha de Cristo: uma que se refere a si mesmo; outra, ao próximo com quem conversa; outra, à cabeça e a todo o corpo da Companhia, da qual é membro.
>
> *Quanto ao primeiro, que trata de si mesmo.*
>
> Procure não se esquecer de si mesmo para atender os outros, não desejando cometer o mínimo pecado em prol de todo o proveito apostólico possível, tampouco colocando-se em perigo; para o que ajuda, não converse senão pouco e em público com determinadas pessoas as quais se deve temer, abstenha-se geralmente

do homem exterior e olhe as criaturas não como belas ou graciosas, mas como se estivessem banhadas no sangue de Cristo, como imagens de Deus, como templo do Espírito Santo.

Para se defender de todo o mal e conseguir toda a virtude possível, uma vez que, quanto mais estiver cheio de virtude, tanto mais poderá atrair os demais para si, será útil ter todo dia algum tempo para si mesmo, para examinar-se, orar, utilizar-se dos sacramentos.

Tenha também conveniente cuidado com a saúde e as forças corporais.

Com respeito ao próximo, que é o segundo.

1. Olhe, em primeiro lugar, para as pessoas com quem trata, que devem ser das que se esperam maior fruto (uma vez que não se pode conversar com todos), como são as mais necessitadas e as pessoas de grande autoridade, doutrina, bens temporais, e outras idôneas para ser apóstolos; e, geralmente, aquelas que, sendo ajudadas, poderão também ajudar a outros para a glória de Deus.

2. Verifique em quais obras piedosas se ocupa, preferindo aquelas que lhe são especialmente mandadas a todas as demais. Quanto às outras, prefira as melhores, como seriam as espirituais em relação às corporais, as mais urgentes em comparação com as menos urgentes, as universais em vez das particulares, as perpétuas e que duram ao invés das que não duram, quando não se pode fazer parte de todas. Tenha em conta que não basta começar, mas importa, enquanto se pode, dar complemento e conservar as boas e piedosas obras.

3. Observe os meios dos quais deve se utilizar, assim como, também, o exemplo e a oração fervorosa, se convêm as confissões, ou os *Exercícios* e as conversas espirituais, ou ensinar a doutrina cristã, ou ler, ou pregar, e adote os meios (uma vez que todos não são possíveis) que possam ser mais eficazes e que poderão lhe auxiliar.

4. Conceba um bom modo de proceder procurando ter humildade ao começar pelo mais baixo, e não se ingerindo em coisas

mais elevadas, de não ser chamado ou verdadeiramente solicitado, a não ser que outra coisa mostre convir a discrição; segundo o tempo, o lugar e as pessoas, este discernimento não pode se compreender em regra alguma. Também convém atrair a benevolência das pessoas com as quais se trata, com demonstrações fundadas na verdade, na virtude e no amor, procurando ter autoridade junto a elas e acomodando-se a todos com santa prudência, o que principalmente o ensina a unção do Espírito Santo, mas que o homem coopera com a consideração e a diligente observância. É por isso que o exame de consciência pode se estender a essas considerações. Em todo momento do dia, seria bom recorrer a ele. Nos casos de consciência e nas questões que não são claras para o Espírito ou cuja solução não é absoluta, cuidar-se-á de não dar respostas ou soluções pouco fundadas. Será necessário fazê-los preceder de pesquisas e de reflexões que se impõem.

Com respeito ao terceiro, isto é, à cabeça e ao corpo da Companhia.

1. Deve deixar-se reger pelo superior, avisando-o de toda coisa que convenha e sendo obediente às ordens que lhe serão dadas.

2. Procure a boa fama da Companhia e toda ajuda que se lhe possa dar para a glória divina, principalmente em fundações (sobretudo, colégios em que se vise à oportunidade e comodidade), buscar bons candidatos para a Companhia, como as pessoas de letras ou muito ativas, ou os jovens, sempre que neles se vir um bom porte, a saúde, o claro entendimento e a inclinação ao bem, sem que haja outros impedimentos[3].

A carta pode surpreender; observamos o que se destaca no uso das regras e nos seus enunciados.

A composição se quer clara e fácil para memorizar: estruturada em pontos, por vezes, segundo uma organização lógica,

---

3. Tradução baseada no livro *Obras Completas de San Ignacio de Loyola*, 4ª ed., Madri, Biblioteca de Autores Cristianos, 1982, 834-836.

por vezes, por meio de acumulação. O primeiro ponto está claramente proposto segundo uma articulação do fim aos meios.

> Procure não se esquecer de si mesmo para atender os outros, não desejando cometer o mínimo pecado em prol de todo o proveito apostólico possível, tampouco colocando-se em perigo.

Inácio pressupõe conhecido o fim da Companhia, como o enuncia o Exame geral das *Constituições* (§ 3):

> 2. O fim da Companhia não é somente ocupar-se com a graça divina, da salvação e perfeição das almas próprias, mas, com esta mesma graça, esforçar-se intensamente para ajudar a salvação e a perfeição do próximo.

Mas ele conhece também o risco que incorre o zelo apostólico de cada jesuíta. Desde então, se diz na carta aos companheiros enviados em missão uma regra que ajuda a atingir o fim da Companhia: que cada um de seus membros não comprometa sua salvação. Seguem os meios: frequentar pouco pessoas perigosas, considerar cada um como criatura de Cristo, examinar diariamente a sua consciência. Para esse primeiro ponto, as regras são prescrições que podem ser aplicadas. As que seguem são de outra natureza.

O segundo ponto convida a exercer uma escolha e indica seus critérios: escolha das pessoas, "uma vez que não se pode estar em contato com todo o mundo"; escolha das obras de caridade. "Lembrar-se-á de que não basta começar, mas que se deve quanto possível realizar e conservar as obras de caridade e boas". Notar-se-á que, nesses dois casos, Inácio dá uma razão à necessidade que haverá de escolher. Há regras porque seria ilusório acreditar que tudo que é possível dever-se-ia empreender. A regra é o que vai me permitir dar uma medida à minha ação. A terceira escolha a efetuar diz respeito aos meios a pôr em obra. A quarta observação diz respeito à maneira de agir na qual se enuncia, enfim, o princípio dessa constante adaptação.

> Também convém atrair a benevolência das pessoas com as quais se trata, com demonstrações fundadas na verdade, na virtude e no amor, procurando também autoridade junto a elas, e acomodando-se a todos com santa prudência, o que principalmente o ensina a unção do Espírito Santo, mas que o homem coopera com a consideração e a diligente observância.

A adaptação não é uma concessão feita por estratégia de conquista ou por impossibilidade de atingir um ideal. Ela é a obra mesma do Espírito que se adapta a cada um. O termo da unção pode nos escapar se esquecemos que ele designa o óleo que suaviza, desposa com cada contorno e penetra o interior por impregnação, como descrevem as estrofes da sequência medieval *Veni sancte Spiritus*. Assim, o jesuíta na missão é convidado a cooperar com o trabalho do Espírito, que, primeiro, reúne cada um em sua singularidade. Mais uma vez, como no que diz respeito às *Constituições* da Companhia, as regras estão aí para ajudar o jesuíta a cooperar com a ação do Espírito Santo. Como se opera esta cooperação? "Por uma reflexão e uma observância diligentes", mas também pelo exame de consciência, como indica a sequência do parágrafo, estando o jesuíta atento aos obstáculos que ele poderia colocar à obra de Deus ou a tudo o que a prejudicaria. Quanto à reflexão e à observância, é precisamente o que propõe a carta.

A carta se apresenta como uma exortação que gera "uma tríplice consideração", isto é, examinar atentamente pela razão[4]. A

---

4. Nos *Exercícios espirituais*, "considerar" é uma operação frequentemente solicitada ao retirante. Implica um entendimento em sua dimensão espiritual, cf. EE, 39, 6; 78, 6. Os tratados sobre a consideração não faltaram na Idade Média, a começar por aqueles de São Bernardo.

ação missionária é, de um lado a outro, atravessada pela reflexão: consideração preparatória (para que se age, da impossibilidade de tudo fazer e de estar em contato com todos, a pertinência dos meios), exame e vigilância no correr dos encontros. Em meio a tudo isso surgem a riqueza do real e das situações e a forma como encontrar um caminho. As regras não prescrevem o que se deve fazer, mas permitem ao missionário agir onde a extensão da tarefa ou o zelo mal esclarecido corriam o risco de afogá-lo. Também a atenção às circunstâncias e à adaptação não são maneiras de contornar as regras. As regras permitem oferecer os meios de agir em uma realidade que escapa sempre e que poderia comprometer a finalidade de toda a missão, a ajuda do próximo.

Ao contrário de uma leitura rápida da relação entre regra e discernimento na tradição jesuíta, deve-se dizer que o discernimento não é uma acomodação, isto é, um pequeno arranjo com as regras. O discernimento é o que permite agir, as regras são dadas para não se perder de vista a finalidade da ação e uma maneira comum de atingi-la. "O discernimento se situa além de toda regra."

4. A SANTA PRUDÊNCIA

A "santa prudência", escreve Inácio, é a atitude que ensina o Espírito Santo. Primeira das virtudes cardeais (antes da justiça, da força e da temperança), a prudência consiste na capacidade de determinar o critério justo para se decidir a agir. É dessa capacidade que depende o conselho. Ela está no coração da reflexão moral, seja entre os filósofos antigos, seja na tradição escolástica. Ela é, poder-se-ia dizer, a sabedoria da ação[5]. Tomás de Aquino ensinava que nenhum meio devia ser negligenciado para se adquirirem as

---

5. AUBENQUE, PIERRE, *La prudence chez Aristote*, Paris, PUF, 1963; GILSON, ÉTIENNE, *Saint Thomas moraliste*, Paris, Vrin, 1974.

qualidades da prudência: instruir experiências junto aos homens, ensinar a raciocinar corretamente para não se enganar na deliberação, considerar todas as circunstâncias, não deixar introduzir males em sua ação, saber prever[6]. Capacidade de escolher os meios para agir nas circunstâncias concretas, a prudência proporciona regras para agir, critérios. O que seria, com efeito, agir sem critérios se não se seguirem os impulsos ou as paixões? Encontra-se o fim que os *Exercícios espirituais* perseguem, que servem para "ordenar sua vida sem se decidir por qualquer afeição que seria desordenada". A ajuda ao próximo, e em particular os *Exercícios*, tem em vista exercitar-se na prudência, como capacidade de bem levar a própria vida, isto é, na perspectiva de Inácio, de bem usar a própria liberdade para atingir a salvação que Deus destina à humanidade. As regras educam para o uso da liberdade.

Adotar uma regra de conduta ajuda a conservar a orientação que decidimos dar à nossa vida. Muitos acontecimentos podem, com efeito, nos desviar. Inácio o tinha observado. Às vezes, quando confundimos a regra e o regulamento, que pede uma execução sem falha, a regra é a formulação daquilo que pode permitir atingir o fim almejado. Por sua formulação geral e impessoal, em uma exterioridade acentuada quando me é dada por outro, a regra cria em mim uma distância pela qual eu posso traçar o ponto sobre a direção que eu tomo. Eu posso então descobrir se o que eu faço convém ao que eu procuro. Escolher regular a minha conduta supõe que eu percebi de forma sutil que eu podia facilmente me desviar de minha rota.

Tomemos um novo exemplo, porque falar de regras nos faz rapidamente compreender tudo em termos de moral. Um jovem pianista ama se lançar nas obras que levam sua sensibilidade ao deleite. Se ele for bem-dotado, poderá até mesmo executar parti-

---

6. Cf. Tomás de Aquino, *Suma teológica*, IIa-IIae, q. 49.

turas difíceis e se embriagar com o seu ritmo. Ele pode proporcionar a si mesmo os meios de progredir e de se libertar do humor em que se encontra? Se quiser tornar-se concertista, com efeito, deverá não somente adquirir uma resistência física que o único prazer do decifrar não pode lhe dar, como também terá de tocar as obras do repertório nas circunstâncias mais diversas e talvez as menos propícias. O trabalho junto ao mestre lhe ensinará a não se deixar fechar em seus gostos nem em seus estados de alma para que sua sensibilidade e sua inteligência possam ser mais claramente distinguidas. Os ímpetos e as reticências podem não ser suficientes para se guiar ao longo de uma vida. Um mestre lhe ensinará as atitudes humanas, que são diferentes da técnica necessária, para que possa encontrar seu jogo, à custa de exercícios cansativos, de repetições monótonas, por meio dos quais atravessará as variações de seus entusiasmos e de seus desânimos.

A regra é o enunciado formal de uma maneira de agir livre das circunstâncias, dos afetos, de tudo o que singulariza uma situação para me permitir ajudar a avançar na direção do que desejo. Ela não chama um sujeito para aplicar regras, mas para que, graças a elas, ele se decida a agir como convém. O formalismo da regra cria essa distância que ajuda cada um a ver onde está. Requer consideração antes de agir e não aplicação ao adaptá-la. Assim, Inácio, nos *Exercícios*, no momento em que o retirante se prepara para fazer uma escolha de vida, "uma eleição", pode definir a "segunda maneira para fazer uma sã e boa eleição":

> Quarta regra: Ver e considerar como me encontrarei no dia do juízo. Pensar como naquele momento quereria ter decidido na presente eleição, e que regra preferiria ter adotado. Mantê-la agora, para que então me encontre com total prazer e gozo (EE 187-188).

A regra é o que está proposto no interior de uma forma de fazer. Inácio afirma, depois, que, "após ter seguido as regras precedentes para minha salvação e quietude eternas, farei a minha eleição" (EE 188). Ao propor uma regra, Inácio põe minha decisão em perspectiva. Ele a insere em uma série. Essa decisão, por ser única, e irreversível, como seja, eu a tomarei como desejo tomar e ter tomado outras decisões. Por quê? Porque ela me assegura que, mesmo que crie uma ruptura em minha vida, me introduz em uma coerência, uma unificação, sinal de minha liberdade. Com efeito, se nenhuma coerência tomar forma em minha vida, em nenhuma das minhas decisões, é uma aposta segura que, eventualmente, eu sempre serei guiado pelas circunstâncias, meus humores, meus golpes de coração, ou os conselhos de meus acompanhantes. Sem liberdade. Importa, então, ter identificado claramente aquilo por que eu me decido, sobre qual modelo eu regulo meus passos, para o que eu desejo caminhar ao tomar cuidado de não me deixar desviar, quando possível. Compreendemos que um homem desse tipo, o homem prudente, encontra "uma felicidade e uma alegria total".

A capacidade de encontrar o justo critério para se decidir e agir forma a virtude da prudência. Ela se adquire pela experiência e pela reflexão no contato com homens e mulheres experientes. É uma virtude espiritual: pode proporcionar alegria. Uma modalidade do conselho se expressa com firmeza: o conselho não diz o que deve ser feito, mas enuncia como procurar e encontrar o que se procura. Encontramos aqui o que emerge dos *Exercícios*: o Espírito Santo que se discerne pelos seus efeitos e por suas repercussões internas não manifesta a cada um a vontade de Deus, mas sugere as maneiras de encontrá-la e confirmá-la se, ao encontrá-la, nós a seguimos. A espiritualidade de Inácio repousa em uma concepção da relação entre Deus e o homem: Deus quer a cooperação de suas criaturas. Deus quer que nós desejemos em liberdade, porque aquele que dá a vida não a teria dado inteiramente se não nos proporcionasse essa liberdade. Inácio, nas "Regras para sentir com a Igreja", mostra com que vigor mantinha essa concepção.

Décima sétima regra. 1. Do mesmo modo, não devemos nos demorar, insistindo tanto sobre a graça, que se produza veneno para tirar a liberdade. 2 Assim, podemos falar da fé e da graça quanto em nós esteja, com ajuda divina, para o maior louvor de sua divina Majestade. 3 Mas não de tal jeito nem por tais modos — principalmente em nossos tempos tão perigosos — que as obras e o livre-arbítrio sofram prejuízo ou se tenham por nada (EE 369).

A exortação que acabamos de ler é um encorajamento à liberdade. Mas o aprendizado dessa liberdade supõe entrar em uma distância para si mesmo e as situações, criar uma lacuna em si mesmo e ao seu redor, para que emerja efetivamente a minha liberdade. A regra é a modalidade dessa lacuna em favor da consolidação de minha liberdade.

5. APROVEITAR A OCASIÃO

Uma carta do ano anterior mostra em qual trabalho de conjecturas Inácio reflete sobre a maneira de tomar decisões. O enunciado de algumas regras traz ajuda sem constranger a liberdade. A carta é redigida por Polanco[7], secretário de Inácio, em 23 de maio de 1551, para Arnold van Hees, encarregado de lê-la a seu companheiro Leonard Kessel, ambos, jesuítas, num momento em que estavam de partida para a Alemanha. Encontramos aí a urgência da brevidade, que faz da carta algo como uma ajuda à memória.

---
7. Juan de Polanco (1517-1576) estudou na Universidade de Paris, na qual encontrou Inácio. Entrou na Companhia e, depois de ter ocupado um posto de secretário apostólico em Roma, foi chamado por Inácio em 1547 para ser seu secretário. Ver GARCÍA DE CASTRO, JOSÉ, *Polanco. El humanismo de los jesuítas*, Madri, Mensajero/Sal Terrae/Universidade Comillas, 2012; GIARDI, LUCE; ROMANO, ANTONELLA, "L'usage jésuite de la correspondance", dans ROMANO, A. (dir.), *Rome et la science moderne*, Roma, Mélanges de l'École française de Rome, 2009, 65-119.

Na tradição da filosofia moral da prudência, lembra como se preparar para a ação e encontrar uma forma de agir conveniente.

É preciso considerar as necessidades, a saúde, em primeiro lugar, depois o que diz respeito à obediência religiosa, e também as circunstâncias que se apresentarão e a liberdade que poderão exercer aqueles aos quais esses conselhos se remetem. Como a saúde de Van Hees estava ameaçada, a primeira regra consistia em consultar os médicos e analisar suas advertências. O resto foi submetido à decisão do jesuíta; o segundo ponto abre a gama de possibilidades que se dão como sugestões. As instruções e as situações abrem espaço para a decisão, como nos leva a pensar o primeiro parágrafo.

Dirigindo-se a um homem no qual Inácio, como declara Polanco, reconhece as qualidades de discernimento, a carta demonstra que se trata essencialmente de se orientar em um futuro possível esboçado por conjecturas. A previdência é uma qualidade do homem prudente[8]. Entretanto, em meio a tudo isso, conclui-se que o discernimento consiste em encontrar a medida justa. A matéria do discernimento está no ponto quatro. Encontraremos sem dificuldade um eco nas "Regras para ordenar-se no comer" (EE 210-217)[9]. O discernimento tem por função regular a forma de agir, compreendendo aqui aquele que está motivado pela caridade e pelo desejo de ajudar:

> Nisso, compreendeis o que pensa o padre geral: vós deveis vos dar a exercícios espirituais, intelectuais ou corporais, mas vossa caridade deve ser dirigida e temperada pelo discernimento. Conservareis, assim, a vossa saúde para ajudar as almas dos outros. Cada

---

8. AQUINO, TOMÁS DE, *Suma teológica*, IIa-IIae, q. 49, a. 6. Ensinando em Salamanca e em Paris no século XVI, Tomás de Aquino participava da bagagem teológica de Inácio de Loyola.
9. Cf. MAUPOMÉE, EMMANUELLE, "S'ordonner dans la nourriture", dans *Christus* 238, abril 2013, 168-175.

um de vós cuidará deste ponto sobre o outro, ou melhor, vós vos cuidareis juntamente.

A formulação do parágrafo seguinte é ainda mais clara:

Cabe a vós regular com discernimento a maneira e o tempo.

Regular sua ação é a maneira de escapar daquilo que o impede, a desordem dos acessórios que perturbam a maneira pela qual o homem se utiliza de sua inteligência e de sua vontade para procurar viver bem a própria vida.

Compreendemos melhor desde então onde se situa o conselho: ele enuncia as regras da ação, com a pressuposição de que aquilo que é interditado já está afastado, e distingue o que é necessário (a preservação do corpo) do contingente. A decisão de agir é posta, então, em ação, na interação dos pontos de vista que serão tomados em conta: advertência dos médicos, obediência àqueles que tenham autoridade de decidir no quadro da vida religiosa, vigilância mútua, oportunidades e facilidades oferecidas pelas pessoas reencontradas. Mas a tomada em consideração, para retomar o termo caro a Inácio, dos elementos da situação e das regras para agir não pode substituir aquilo que deve sempre ser buscado, a possibilidade para o sujeito de se decidir, na medida em que se trata aí do dom que Deus dá ao homem, proporcionando-lhe inteligência, memória e vontade.

O discernimento conjuga as qualidades que reúne a prudência (temperança, vigilância, razão…) e permite encontrar o bom critério de sua ação. Inácio observava em seu *Relato* tudo aquilo que lhe faltava ainda quando reconhecera seu grande desejo de servir a Deus:

Ele se determinava a fazer grandes penitências. Mas já não considerava tanto obter satisfação pelos seus pecados quanto dar agrado e prazer a Deus. Assim, quando lhe ocorria praticar alguma penitência, como faziam os santos, propunha praticá-la ainda mais. Nesses pensamentos, sentia toda a consolação, e não olhava nenhuma circunstância interior. Não sabia o que era humildade, nem paciência, nem discernimento para regular ou avaliar essas virtudes. Toda a sua intenção era realizar grandes obras exteriores, porque assim as tinham praticado os santos, para maior glória de Deus, sem considerar nenhum outro ponto particular[10].

Compreendemos melhor por que Inácio convida Van Hees, no parágrafo 6, a "fazer discursos sobre as virtudes" para aqueles que desejaríamos ver entrar na Companhia. O reconhecimento de seu desejo e a experiência da consolação não são suficientes para levar sua vida, mesmo que esteja no coração da pedagogia espiritual de Inácio.

---

10. *O relato do peregrino*, n° 14.

III
UMA PEDAGOGIA DA CONSOLAÇÃO

Inácio procura reforçar a liberdade daquele que deseja agir libertando-se do que dificulta a decisão e obscurece os critérios. Essa capacidade de levar bem a própria vida, de conduzi-la ao bem almejado, supõe o exercício de numerosas aptidões como a boa apreciação das circunstâncias, o recurso a pessoas experientes, a justa antecipação dos acontecimentos e o uso da razão na preparação das escolhas a fazer. Deliberação, consideração, consulta, três aspectos nos quais se envolvem qualidades relacionais e racionais da existência, e que requerem certa habilidade: a sensibilidade. Essas disposições se aprendem ao caminhar, pela experiência e pelo exercício de todo tipo de treinamento. As regras são como ajudas momentâneas da memória para se fazer lembrar das formas de conduzir a vida e das indicações para se preparar a esse fim. Aprenderemos, assim, a enfrentar o imprevisto na proliferação contingente de situações. O conselho inaciano não diz tanto o que eu devo fazer quanto o que não ajuda a encontrar o que eu procuro.

A reflexão da tradição oral em termos de prudência permite situar a questão. Trata-se de se exercitar em encontrar os bons critérios para se decidir e agir, isto é, de se tornar capaz de fazer um caminho em uma realidade que me excede sem me impedir de ser uma pessoa livre. Mas por que falar de vida espiritual se é suficiente a tradição moral? Para Inácio, essa capacidade de conduzir a vida é inicialmente um dom do Espírito Santo, o que Deus opera no homem: Deus nos dá a capacidade e suscita em nós o desejo de agir por nossos próprios meios. "A unção do Espírito Santo" ensina essa atitude, e o homem pode cooperar com ela "por uma consideração e observância diligentes", declarava a carta de 1552 aos jesuítas enviados em missão. Se a conduta de si repousa sobre capacidades de observação e reflexão, ela sublinha o que conviria chamar de um sentido espiritual no qual a afetividade e a razão se mantêm e testemunham o trabalho do Espírito. Inácio desenvolve, assim, como vamos ver, uma pedagogia da consolação, na qual se esboçam as linhas de força de sua visão do homem.

A. ENTRAR NA SITUAÇÃO DAQUELE QUE PROCURA AJUDA

As cartas de Inácio não davam conselhos-chave ao seu correspondente. Elas convidavam os correspondentes a uma leitura ativa que buscava fazê-los refletir. Precisamos retomar essa atitude, por nossa vez. Certamente, algumas informações exteriores nos são úteis para compreender o contexto, mas é preciso principalmente nos fazer atentos à maneira pela qual a carta constrói a situação, como ela a compreende, em quais relações dispõe os correspondentes. Poderemos, assim, determinar quais ações o discurso espera do correspondente.

Para indicar brevemente um método, dizemos que, uma vez recolhidas algumas informações de contexto (os personagens, os acontecimentos marcantes do momento, as alusões que podem ser esclarecidas — todo ensinamento geralmente fornecido pela edição crítica da correspondência de Inácio, assim como pelas curtas introduções das antologias), convém salientar a construção da situação que opera a carta.

CAPÍTULO III.
UMA PEDAGOGIA DA CONSOLAÇÃO

A ALFONSO RAMIREZ DE VERGARA

Meu senhor em nosso Senhor,

A soberana graça e o amor eterno de Cristo nosso Senhor sejam sempre em nosso favor e em nossa ajuda.

Vossa carta de 4 de fevereiro e uma outra do Padre Villanueva me informaram o caso que toca à vossa pessoa e à vossa decisão. Eu tomo muito no coração recomendá-lo a Deus, nosso Senhor, e a fazer recomendar a outros, porque desejo para vós não somente toda a perfeição como também toda a consolação, como devo.

A maneira de provar pelo coração e para executar com suavidade o que a razão dita como sendo o maior serviço e glória de Deus, o Espírito Santo vos ensinará melhor que ninguém. É verdade que, para se obterem as melhores coisas e mais perfeitas, a moção da razão é suficiente; entretanto, a da vontade, enquanto não precede a decisão ou a execução, não pode deixar de segui-las, porque Deus, nosso Senhor, recompensa a confiança que se tem em sua Providência, o inteiro abandono de si mesmo e a renúncia às consolações pessoais, ao dar muita satisfação, gosto e uma consolação espiritual tanto mais abundante quanto se pretende menos e do que se procura mais puramente sua glória e seu prazer. Favorece à sua infinita e soberana bondade conduzir tudo o que vos concerne, segundo o que ela verá melhor convir a esse fim.

Darei muita atenção ao registro dos casos que vós recomendastes. Mestre Polanco, que escreve mais longamente sobre a questão, eu me remeto a ele sobre isso.

Para as questões que vós tratastes em Alcalá com o Padre François, Mestre Nadal as tem na memória e eu as recomendo a ele. Espero que nada falte do que ele puder fazer para vos servir e vos consolar.

Que Cristo, nosso Senhor, nos dê a todos a sua graça para que tenhamos sempre o sentido de sua muito santa vontade e que nós a cumpramos inteiramente.

Roma, 30 de março de 1556
INÁCIO

Definimos o contexto: Alfonso Ramirez Vergara é doutor da universidade de Alcalá. Esse homem se mostrou próximo da Companhia e desejava se inserir nela sempre adiando o momento de sua decisão[1]. Os últimos parágrafos aludem aos acontecimentos que serão tratados por outros além de Inácio em outras cartas; eles não tocam diretamente o objeto dessa correspondência. Podemos deixá-los de lado.

Quanto à construção da situação, ela permite definir a maneira como Inácio aconselha seu correspondente. A possibilidade de receber um conselho depende da relação em que ele está inserido. A prática do conselho esboça uma compreensão do que é a ação humana na medida em que ele requer uma inteligência prática, razoável e afetiva das situações[2].

Para isso, nos aprofundamos nos detalhes da escritura. O melhor ponto de observação para descrever as relações entre os correspondentes é dado pela utilização dos pronomes. Um jogo se estabelece entre a primeira pessoa (o conselheiro), a segunda (o correspondente), entre sua possível aliança (nós) ou mantendo-os a distância, e a possível ocorrência de terceiros no relacionamento (eles), terceiros ausente da troca por definição, mas que demonstraria a possibilidade de uma abertura do relacionamento deles. Eis sumariamente esboçadas as possibilidades que a gramática estabelece, mas que são imediatamente identificadas nos usos e na história. A maneira de entrar numa relação por meio de uma carta depende da história desse relacionamento entre os corres-

---

1. Os elementos de apresentação são dados em LOYOLA, INÁCIO DE, *Escritos*. Sobre Alfonso Ramirez de Vergara, doutor em teologia em Alcalá, ver ASTRAIN, ANTONIO, *Historia de la Compañia de Jesús en la Asistencia de España*, t. II, Madri, Razón y fe, 1916, 132 *et passim*.
2. Ver CUGNO, ALAIN, *La blessure amoureuse. Essai sur la liberté affective*, Paris, Seuil, 2004, 26-27: "Deve-se entender a inteligibilidade própria ao que é operado para tornar os conselhos pertinentes [...] No momento em que 'compreendemos' o conselho, a afetividade 'cristaliza', no sentido stendhaliano do termo, no fragmento de linguagem". "Como reunir a inteligência com a afetividade?", pergunta-se A. Cugno.

pondentes, e também dos costumes que formalizam o respeito, a reverência, a autoridade etc. Não se escreve a seu irmão como se escreve a um príncipe, não se escreve a seu irmão na França, no século XXI, como se escrevia a seu irmão no País Basco do século XVI, especialmente se você vem de uma família nobre.

Inácio se dirige ao seu correspondente, Vergara, utilizando a deferência esperada para um doutor de universidade nascido de uma família nobre, "meu senhor". E acrescenta, segundo o costume eclesial, "em nosso Senhor". Inácio estabelece imediatamente o que estaria no cerne do jogo das relações da carta para que tudo seja referido a Deus, o "Senhor" comum aos dois correspondentes. O "nós" aparece aqui em uma fórmula costumeira, mas a carta jamais perde de vista a razão profunda.

A saudação que Inácio dirige é muito mais do que uma fórmula religiosa abstrata.

> A soberana graça e o amor eterno de Cristo, nosso Senhor, sejam sempre em nosso favor e nossa ajuda contínua.

Ela estabelece Inácio e seu correspondente na situação comum de ser único e o outro destinatário da graça de Cristo. Ao formulá-la como um desejo (uma oração) para os dois, Inácio eleva seu correspondente sobre o terreno em que espera vê-lo se situar: estar na situação de receber a ajuda de Deus. Se tal expressão é atual, nas saudações litúrgicas, as mesmas inspiradas nas cartas paulinas, não pode ser reduzida a uma marca formal de respeito ou de uma simples forma de contato. Ela instaura o quadro dinâmico do relacionamento espiritual. Falamos de quadro dinâmico porque não se trata de uma determinação das posições com base em uma afirmação (somos todos destinatários do amor de Deus), mas em um desejo: a carta traça uma estrutura para as trocas cuja operação permanece em espera. Essa espera repousa sobre o que irá desejar o correspondente, o que as circunstâncias permitirão, e... Deus.

A situação de Inácio, no sentido do lugar que ocupa na carta com relação a seu correspondente, se determina em seguida. As circunstâncias, o assunto da troca e sua história são brevemente recordados: em uma carta anterior, de 4 de fevereiro, e uma de outro correspondente. As cartas de Vergara não nos são conhecidas. No entanto, duas cartas de Villanueva, a quem Vergara se abrira a respeito da situação, foram encontradas e publicadas[3]. A carta de Vergara e do P. Villanueva lhe "explicou o caso".

Inácio evoca sua própria oração (recomenda a Deus a pessoa e a decisão do seu correspondente), seu poder de encorajar outros a orar. Inácio não considera seu correspondente somente na relação que mantém com ele (entre uma primeira pessoa e uma segunda, eu/vós), mas ele é constituído da terceira pessoa (ele), objeto de recomendação a outros. Ele faz de seu correspondente uma pessoa para a qual outros oram, do mesmo modo que Villanueva havia informado Inácio dos desejos de Vergara para que ele os esclareça. A oração de Inácio estabelece o correspondente em destinatário de um dom de Deus para chegar a uma troca fraterna de intenções e conselhos. É espiritual, não a história íntima que se confiaria a um só, o conselheiro, mas o que se decifra de um trabalho do Espírito acessível a outros pelo que expressamos e que o conselheiro reconhece. O Espírito é o que nos é comum, o que circula entre nós e cuja obra espera ser esclarecida pela conversa espiritual.

A situação do correspondente é então explicada por meio de uma declaração ("o Espírito Santo vos ensinará melhor que ninguém") que completa os esclarecimentos sobre o recurso à razão e à afetividade na decisão ("É verdade que..."). O quarto pará-

---

- 3. VILLANUEVA, FRANCISCO DE, MHSJ, *Epistolae Mixtae*, lettre 777, 15 março 1554, t. IV, Madri, 1900, 98-101; ibidem, lettre 1078, 31 dezembro 1555, t. V, Madri, 1901, 147-148.

grafo menciona outros casos que não serão tratados nesse correio, e o quinto parágrafo conclui retomando a situação comum enunciada no primeiro parágrafo na forma de uma oração:

> Que Cristo, nosso Senhor, nos dê a todos a sua graça para que tenhamos sempre o sentido de sua muito santa vontade e que nós a cumpramos inteiramente.

O conselheiro situa o correspondente como destinatário da graça de Deus, de quem receberá o conselho, mas, ao fazer isso, ele não reenvia somente o seu correspondente à própria vida e à sua relação com Deus, mas o inclui no destino comum da vida espiritual dos batizados, feita de oração uns pelos outros e da busca da graça. Os meios de decisão que o correspondente deverá escolher se encontram na troca de orações e na atenção vigilante de uns para com os outros.

O discurso opera, assim, qualidades relacionais do conselheiro, que alia clareza e rigor dos meios à bondade e à doçura daquele que encoraja. Aproximaremos essa atitude de exigência feita ao orador de exercer em seu discurso suas virtudes, o que os *Exercícios* lembram, na anotação 7, por exemplo:

> Quem oferece os Exercícios, se perceber que quem os recebe está desolado e tentado, não se mostre duro nem áspero para com ele, mas brando e suave, dando-lhe ânimo e forças para ir adiante. Descubra-lhe as astúcias do inimigo da natureza humana, preparando-o e dispondo-o para a consolação que virá (EE)[4].

---

4. "Doçura" e "bondade", e também "severidade" e "dureza", como podem aparecer em uma ou outra das cartas de Inácio, estão sempre apoiadas na virtude fundamental da "benevolência", pressuposto da relação nos *Exercícios*, número 22. Benevolência e virtudes estavam no cerne da reflexão sobre as qualidades do orador na tradição retórica e convergiam nisso com a tradição moral aristotélico-tomista da Renascença. O principal é ver como a prática do conselho espiritual junta essas diferentes contribuições.

A disposição do correspondente com seu conselheiro e com Deus se realiza segundo certo tom do discurso que cria um clima. Ela pede do conselheiro que se regule pelo que conhece da situação de seu correspondente. Opera, assim, as próprias qualidades relacionais. Para resumir, Inácio solicita a Ramirez de Vergara que se decida de acordo com o Espírito Santo, assegurando-lhe sua oração de maneira que ele seja encorajado com a doçura daquele que reconforta e com a firmeza daquele que reenvia o seu correspondente ao próprio trabalho.

Na expressão "dar um conselho", a maneira de dá-lo conta tanto quanto o conselho dado. O enunciado de um conselho nada vale sem sua enunciação, que não se limita à embalagem retórica, no sentido mais pobre do termo. Deve-se se dirigir ao correspondente de forma que a sua situação possa se transformar pela troca e pela recepção em nada menos do que o conselho dado, pelo fato de que *esse* conselho tenha sido dado *assim*. "Os conselhos são sempre mais verdadeiros porque não elucidam jamais a razão pela qual eles são: é justamente porque viveram que se tornam pertinentes, e não por si mesmos e em si mesmos", escreve o filósofo Alain Cugno[5]. É ao mesmo tempo o que funda a possibilidade de repetir conselhos — pode-se repetir a alguém o que Inácio disse a Vergara — e sua imprescritível fecundidade. A não contradição dessa posição foi pensada por Inácio: participamos pela razão e pela afetividade na obra do Espírito.

B. O CONSELHO: QUE MEIO PARA EXECUTAR UMA DECISÃO?

Chegamos agora ao conselho que Inácio dirige a seu correspondente.

---
5. Ibidem, p. 26.

CAPÍTULO III.
UMA PEDAGOGIA DA CONSOLAÇÃO

A maneira de provar pelo coração e para executar com suavidade o que a razão dita como o maior serviço e a glória de Deus, o Espírito Santo os ensinará melhor que ninguém. É verdade que, para se obterem as melhores coisas e as mais perfeitas, a moção da razão é suficiente; entretanto, a da vontade, embora não preceda a decisão ou a execução, não se pode deixar de segui-las, porque Deus, nosso Senhor, recompensa a confiança que se tem em sua Providência, o inteiro abandono de si mesmo e a renúncia às consolações pessoais, ao dar muita satisfação, gosto e uma consolação espiritual tanto mais abundante quanto se pretende menos e do que se procura mais puramente sua glória e seu prazer. Favorece à sua infinita e soberana bondade conduzir tudo o que vos concerne, segundo o que ela verá melhor convir a esse fim.

A qual questão o conselho responde? A primeira frase pode ser formulada assim: como executar o que foi reconhecido pela razão como o maior serviço e a glória de Deus? Não se trata de saber, racionalmente, o que deve ser feito e que é buscado, mas, tendo-o reconhecido, decidir-se a fazê-lo. Trata-se de uma questão de "vontade", no sentido do que faz alguém decidir agir, se pôr a caminho. A questão à qual Inácio responde poder-se-ia formular assim simplesmente: qual meio tomar para executar o que a razão reconheceu como serviço de Deus a realizar[6]?

A resposta de Inácio retoma elementos enunciados nos *Exercícios* ao tentar mostrar a Vergara que sua compreensão dos meios para escolher pode ser obstáculo. Assim, lembrar o princípio espiritual segundo o qual o Espírito Santo ensinará o meio de cumprir o que foi decidido pela razão supõe, segundo Inácio, afastar um mal-entendido possível sobre as maneiras de se decidir que o

---

6. A carta 1078 de 31 dezembro de 1555 por meio da qual Villanueva informava Inácio sobre a situação de Vergara confirma o que nossa leitura de Inácio permite restituir. Vergara "se conformou com o partido para o qual suas razões o conduziam", esperando, ou não sabendo se devia esperar, alguma outra forma de confirmação, Deus "fazendo-lhe sentir" sua vontade. Deve-se observar que Inácio não responde a Villanueva, mas a Vergara diretamente.

seu correspondente conhece. Inácio diz a Vergara que "a moção da razão é suficiente", e acrescenta que a "moção da vontade" não poderia ser mantida por nada. Essa distinção entre moções da razão e moções da vontade, assim como suas articulações, requer suspender um tempo da leitura da carta e expor o que ela pressupõe.

1. A NECESSIDADE DOS MOVIMENTOS

Somos afetados pelos pensamentos que nos atravessam. Ideias, intenções, sonhos, remorsos, entre outros, não somente se apresentam a nós como lembranças, tomadas de consciência ou projetos pelos quais nossa identidade elabora um relato, como também nos atingem de diversas formas, suscitando em nós o que Inácio denomina como "movimentos", que, enfim, se resumem ao par alegria e tristeza. A distinção entre esses dois planos, digamos um discursivo e outro afetivo, é capital. Ela esteve na tomada de consciência de Inácio, assim como o *Relato* a narra; quem ensina os exercícios deve estar atento a ela.

Inácio observara bem a diferença de seus projetos em seus conteúdos discursivos: de um lado, as lembranças de uma dama amada eram revividas por meio da leitura de romances de cavalaria e lhe despertavam o desejo de persegui-la por meio de uma nova conquista galante; de outro lado, a leitura sobre a vida dos santos lhe fazia desejar imitar as façanhas dos santos em uma vida renovada, de peregrino. Mas essa diferença não lhe permitia decidir-se. Até o dia em que ele tomou consciência de um plano diferente que afetava esses projetos:

> Começou a maravilhar-se dessa diversidade e a refletir sobre ela. Então, por experiência, aprendeu que uns pensamentos o deixavam triste, e outros, alegre[7].

---

7. *Relato*, § 8.

Não é o valor do projeto nem seu conteúdo narrativo que determinam por que é possível descobrir o que importa, mas a maneira pela qual eu sou afetado pelo que atravessa o meu espírito. O afeto da alegria será decifrado como um sinal que vem de Deus; a tristeza, como sinal que vem do demônio. Como observa Inácio, trata-se de sentir e refletir. O afeto é fonte de inteligibilidade. Inácio, com a retrospectiva, soube definir que isso não era suficiente, mas essa etapa foi colocada como o fundamento necessário para se guiar em uma existência que procura servir a Deus por si mesmo. A anotação 6 dos *Exercícios* é a base disso, da única interrogação da qual aquele que dá os *Exercícios* deve se livrar.

> 1. Quando quem dá os *Exercícios* sente que não vêm a quem se exercita algumas moções espirituais, tais como consolações ou desolações, nem é agitado por vários espíritos, 2. interrogue-o muito sobre os *Exercícios*: se os faz nos tempos marcados e como. 3. Igualmente, sobre as adições, se as faz com diligência, perguntando particularmente cada uma dessas coisas (EE 6).

A carta a Vergara supõe um homem consciente dos seus movimentos, testando-os e refletindo a partir deles. Mas isso não basta.

2. UMA VIDA ORIENTADA

O conselho que Inácio dá a seu correspondente relaciona-se com a obra que Deus opera "ao conceder muito contentamento, gosto e uma consolação espiritual tanto mais abundante quanto se pretende menos e que se procura mais puramente sua glória e seu bom prazer". Tal resposta proporciona muita consolação. Por quê?

A formulação do *Relato* que opõe tristeza e alegria poderia desviar a atenção daquilo que foi experimentado, o afeto, em vez de interpretar como sinal que não toma sentido senão no íntimo de uma compreensão mais ampla da existência. As definições que Inácio dá disso nos *Exercícios* são precisas?

> Enfim, chamo consolação todo aumento de fé, esperança e caridade, bem como toda a alegria interna, que chama e atrai para as coisas celestes e para a salvação da própria pessoa, aquietando-a e pacificando-a em seu Criador e Senhor (EE 316-4).

> 1. Chamo de desolação espiritual tudo o que é contrário à terceira regra, 2. como escuridão interna, perturbação, moção para coisas baixas e terrenas, inquietude, com diversas agitações e tentações, 3. movendo à desconfiança, sem esperança, sem amor, achando-se a pessoa toda preguiçosa, tíbia, triste e como que separada de seu Criador e Senhor (EE 317-1).

O vocabulário das moções ou dos movimentos interiores é dinâmico. De um lado, um "crescimento" chama e atrai. Seu efeito é "apaziguar e pacificar" (segundo um dueto típico de Inácio). De outro lado, agitações levam a uma falta de confiança. Não é tanto o afeto que conta quanto o movimento que ele produz. Conta mais a direção do movimento do que aquilo que é experimentado. Com efeito, como determina Inácio a propósito da consolação, pode ser que eu sinta a dor e que eu derrame lágrimas. Trata-se, portanto, de uma consolação.

> E, também, quando derrama lágrimas, motivadas pelo amor do seu Senhor, ou pela dor dos seus pecados, ou pela Paixão de Cristo, nosso Senhor, ou por outras coisas diretamente ordenadas a seu serviço e louvor.

O afeto me abre, o que supõe não se deter nisso provando-o ou refletindo. O interior do homem se apresenta como um espaço polarizado e orientado para Deus.

A consolação se reconhece pelo amor que eu tenho por Deus e por tudo o que existe, pela única razão que tudo vem de Deus.

> Chamo de consolação quando se produz alguma moção interior pela qual a pessoa se inflama no amor de seu Criador e Senhor, e, portanto, quando não pode amar em si mesma nenhuma coisa criada na face da Terra, exceto no Criador de todas elas (316, 1-2).

Quanto à desolação, ela nos aparta de Deus. Relemos o fim da definição que Inácio faz dela:

> Sem esperança, sem amor, achando-se a pessoa toda preguiçosa, tíbia, triste, como que separada de seu Criador e Senhor.

Observamos que ela não está separada, mas "como que separada". A desolação se alimenta da desconfiança para com Deus e de tudo que, em nós e fora de nós, a alimenta. Pensar que "Deus poderia não nos querer" é a tentação mais radical, porque se opõe ao que Deus diz de si mesmo e àquilo que ele realiza, a saber, fazer uma aliança conosco.

Minha vida não se orienta a não ser em direção a um único polo, Deus. Quer eu me aproxime, quer eu me afaste. Uma vez ainda, Inácio propõe um ato de fé. Deus, na pena de Inácio, é Criador e Senhor. Deus único cria e chama para a vida. A contemplação *ad amorem* será mais explícita ao convidar a olhar todo bem que vem de Deus. Enquanto Senhor, Deus único governa e dirige. Ele é o único cuja vontade finalmente consegue realizar-se perfeitamente.

> É próprio de Deus e de seus anjos dar a verdadeira alegria e o gozo espiritual com suas moções, tirando toda a tristeza e a perturbação induzidas pelo inimigo. Deste, é próprio combater essa alegria e a consolação espiritual, trazendo razões aparentes, sutilezas e frequentes enganos (EE 329-1).

Inácio não ignora o combate espiritual, mas, desse combate, não tira uma simetria na qual se oporiam, em partes iguais, Deus e o inimigo da natureza humana.

Para Inácio, o homem é destinado à alegria. Ele é criado para louvar, escreve Inácio como princípio dos *Exercícios*. A alegria do louvor não é a alegria daquele que se regozija pelos outros, mas a alegria daquele que se regozija. Regozijar-se *de*: uma lacuna em si surge naquilo que estou em relação com o que me oferece alegria. Na consolação, a alegria se amplia até poder se regozijar de todas as coisas. O que me alegra não me pertence: isso me é dado. Essa alegria é possível para aquele que vive em liberdade, ao contrário de tudo aquilo pelo que eu me alieno e sou alienado, liberdade que se honra na capacidade de decidir, de executar uma decisão deliberada. Podemos, nesse ponto, retomar a carta de Inácio a Vergara.

C. A CONFIRMAÇÃO DO ESPÍRITO

Recordamos os conceitos que Inácio opera em sua resposta para Vergara. Inácio não o aconselha a não ser no que se refere à forma de tomar uma decisão. O seu correspondente soube identificar, analisando as razões, a decisão que lhe parecia correta. Voltamos ainda aos *Exercícios*, que expõem o procedimento. Eles iniciam o retirante para deliberar por etapas sobre as vantagens e as desvantagens de escolher ou não escolher uma coisa prevista. Depois de ter examinado esses diferentes elementos, Inácio propõe:

[182]
1. O *quinto ponto*. Depois de ter, assim, refletido e ponderado a coisa proposta sob todos os aspectos, deve-se olhar para onde se inclina mais a razão. 2. Deve-se decidir a respeito do que foi proposto de

acordo com a maior moção racional, e não conforme uma moção dos sentidos, que devemos escolher considerando os desejos.

Inácio considera que seu correspondente descobriu para onde se inclinava a razão, mas, ao contrário, ele se inquieta por não provar nenhuma moção da vontade. Esse consentimento total faz com que a execução siga também a decisão, como os *Exercícios* fazem compreender:

[175]
2. Primeiro, Deus, nosso Senhor, move e atrai a vontade, de modo que a pessoa espiritual segue o que lhe foi mostrado, *sem duvidar nem poder duvidar*. 3. Assim aconteceu com São Paulo e São Mateus, quando seguiram a Cristo, nosso Senhor.

Se a deliberação pela razão não se confunde com a identificação daquilo que se escolheu fazer (n° 182), a decisão não é executada. Inácio distingue ainda um tempo que ele denomina "confirmação":

Feita a eleição ou a decisão, deve-se apresentá-la, com muito empenho, a Deus, Nosso Senhor, em oração. Oferecer-lhe a eleição feita para que sua divina Majestade a queira receber e confirmar, sendo para seu maior serviço e louvor (EE 183).

A Vergara, Inácio confessa o modo dessa confirmação: "O Espírito Santo vos ensinará melhor do que ninguém!". Em outras palavras, a alegria que se prova a ser confirmada em um projeto no qual se deseja entregar-se inteiramente e a paz para realizar um projeto como esse não se obtêm por si mesmas. Indicá-la como se fosse operada pelo Espírito significa, em primeiro lugar, que ela não está no poder da pessoa, nem de si, nem do conselheiro. A confirmação que permite a execução é um acontecimento que pacifica e conforta, uma graça. Ela se reconhece pelo seu modo de ser, na paz e na alegria. A confirmação de uma decisão se exprime na consolação. Sentir, refletir, confirmar são três fases do ritmo espiritual para direcionar sua vida segundo o Espírito[8].

Essa alegria será tanto mais um sinal claro e seguro, afirma Inácio, que se terá renunciado a buscar "consolações pessoais":

> Porque Deus, nosso Senhor, recompensa a confiança que se tem em sua Providência, o inteiro abandono de si mesmo e a renúncia às consolações pessoais, ao dar muita satisfação, gosto e uma consolação espiritual tanto mais abundante quanto se pretende menos e do que se procura mais puramente sua glória e seu prazer.

A busca da consolação, isto é, a atenção que se lhe dá para se guiar na vida espiritual, poderia bastar em si mesma. A consolação alimenta, então, minha própria sensibilidade, e no gozo que eu tenho dela, ela se desnatura. Em vez de ser um dom que mantém e alimenta para viver, eu faço dela um objeto oferecido à minha satisfação. Eu me detenho nela e, como diz Inácio, eu faço aí o meu ninho (EE 322)[9].

Mesmo a busca de um sinal de confirmação poderia tornar-se um obstáculo se chega a preceder a decisão que eu tenho de tomar. Inácio fez esta experiência, como relata o seu *Diário*. O sinal esperado não dispensa o risco a tomar, o passo a dar, a decisão na qual, no momento de tomá-la, eu me perco. O movimento libe-

---

8. Cf. GIULIANI, M., *L'accueil du temps qui vient. Études sur saint Ignace de Loyola*, Namur, Lessius, coll. *Revue Christus*, 2015.
9. Inácio enuncia três causas da desolação. A terceira é "para dar-nos verdadeira noção e conhecimento e a fim de que sintamos internamente não estar em nós termos de grande devoção, intenso amor, lágrimas ou qualquer outra consolação espiritual, mas que tudo é dom e graça de Deus, nosso Senhor. Desse modo, não faremos ninho em casa alheia, elevando nosso entendimento com alguma soberba ou vanglória, atribuindo a nós mesmos a devoção ou outros aspectos da consolação espiritual" (EE 322, 3-4).

rado de minha liberdade somente pode conduzir para a alegria. Deus me destina a alegria desde que eu não procure senão realizar o que identifiquei como um serviço de Deus para sua maior glória, isto é, sem servir primeiro nenhum outro interesse.

A pedagogia da consolação conduz ao mais próximo da fé evangélica: "Procurai o Reino dos céus e o resto será dado por acréscimo", declarava Jesus para livrar seus discípulos da inquietude da existência. A paz que todos buscam passa por um ato de confiança na bondade de Deus. Exige que nenhum bem seja desejado em si mesmo, mas que somente se queira viver pela única razão de que isso é reconhecido como bom. Essa é a única fonte da alegria[10]. Ela coincide com o desejo criador de Deus: ele viu que isso era bom e se regozijou em sua obra dada à humanidade.

A matéria dos conselhos que Inácio dispensa consiste em enunciar regras pelas quais aquele que pede ajuda pode se determinar a agir. Considerando aquele que quer ser ajudado como um sujeito responsável cuja liberdade é chamada a se reforçar, Inácio define com precisão a situação na qual o fato de receber conselhos estabelece o correspondente. Não somente papéis são distribuídos, a partir das ações que cada um realizou ou terá de realizar, mas o conselheiro adota o tom que ele estima convir para que, quando possível, a relação de conselho não venha causar obstáculo ao que é procurado. Mas essa forma de dar conselhos e conceber a sua recepção está bem longe de se limitar ao enunciado de um método, caso ele fosse atento à repercussão das recomendações para aquele que é convidado a segui-los.

A convicção de que seu interlocutor pode se decidir e agir repousa na fé em que Deus ensina a conduzir a sua existência, não se substituindo por ele, mas em uma interação que a carta

---

10. Cf. CERTEAU, MICHEL DE, L'espace du désir ou le "fondement" des *Exercices spirituels*, dans *Le lieu de l'autre. Histoire religieuse et mystique*, cap. X, Paris, Gallimard/Seuil/Hautes Études, 2005, 239 e 247.

descreve. A certeza de que Deus age nesse sentido é dita desde as primeiras palavras da carta na fórmula da saudação sob a forma de uma oração. A ajuda de Deus se manifesta na consolação, não em um consentimento final da razão que deliberou, mas nessa repercussão interior que Inácio ensina a decifrar a partir da atenção aos movimentos interiores. O que acontece no final do processo de deliberação e de decisão, e que se espera como confirmação, corre de fato ao longo do trabalho de esclarecimento que é proposto. O que afeta, o que é movimento interior, movimento orientado, e não simples agitação, é, com efeito, posto como meio para decifrar a ajuda de Deus, e isso, fora mesmo de todo o processo de deliberação, e desde o jogo dos pensamentos, das razões e dos desejos, e de sua repercussão. O que conduz nesses movimentos para a alegria implica o que Inácio reconhece em Deus. A conduta prudencial de sua existência se concebe aqui a partir de uma visão de Deus como ajuda interior do homem, em que a afetividade é o terreno no qual se decifram, não sem exercícios ou sem ascese, os acontecimentos que ocorrem aos homens.

IV
SER LIVRE PARA FAZER A VONTADE DE DEUS

Lembremo-nos deste velho monge do Egito que encontrava outro monge mais jovem. Sua resposta dispunha aquele que procura Deus: "O que vês tua alma desejar segundo Deus, fá-lo, e vigie teu coração"[1]. Dar um conselho, para Inácio de Loyola, é primeiro criar as condições naquele que pede ajuda para encontrar os critérios justos de sua decisão e de sua ação. Para se fazer isso, nenhum meio deve ser negligenciado, nem a razão nem a experiência de pessoas experientes. Entretanto, a ajuda que Inácio entende dar, tarefa à qual deseja ver associados os membros da Companhia, na qual muitos outros se reconhecem, consiste, antes de tudo, em receber a ajuda que o mesmo Deus dá a cada um. Sem se substituir ao que o homem pode fazer, a ajuda divina é, muito antes, o fundamento: Deus oferece a cada um os meios de conduzir a própria vida. Para alguns, como Inácio aprendeu isso na medida em que seus olhos foram se abrindo no curso de sua convalescência, recursos enraizados no mais profundo do que nos anima e nos afeta podem ser mobilizados. O que orienta a nossa existência e a leva para a sua realização pode se descobrir pela busca desinteressada da consolação, entendida como o que atrai para uma caridade, uma esperança e uma fé maior. As afeições de alegria e de tristeza, os

---

1. *Les apophtegmes des Pères*, 113-115.

movimentos interiores em sua duração e em seu contraste, adquirem uma inteligibilidade em razão de um ato de fé que torna Deus o autor da alegria, da paz e de tudo o que conduz para Ele.

Continuamos a nossa exploração das cartas de Inácio a fim de determinar como essa arte do conselho compromete uma liberdade que busca seu fundamento somente em Deus, o que leva a saber como se situar respeitosamente diante de outros e de si mesmo. Surge, então, a possibilidade de obedecer de fato, como a acuidade do combate leva à remoção de obstáculos e à liberdade.

A. TOMAR LIVREMENTE POSIÇÃO

Voltamos para uma carta de Inácio a Francisco de Bórgia, de 5 de junho de 1552. Leremos a carta em dois tempos para tentar perceber melhor a liberdade de posição de Inácio de Loyola, aquela que ele toma, aquela que ele dá, na medida em que concebe que uma e outra devem ser recebidas.

Guardamos a mesma abordagem que sugerimos para a carta anterior, colocando em primeiro lugar algumas informações de contexto. Francisco de Bórgia, na época em que essa carta foi escrita, era, em virtude de seu nascimento, um "grande" da Espanha, título da mais alta nobreza, Duque de Gandía. Por favor de Carlos V, fora nomeado vice-rei da Catalunha, esperando, assim, o imperador tê-lo mais perto de si. Bórgia se fez próximo dos jesuítas e entrou, em 1546, na Companhia de Jesus, após a morte de sua esposa. Conservou a estima de Carlos V; seu apoio foi muito útil à Companhia incipiente. O imperador intercedera junto ao papa Júlio III, ao qual se aliara finalmente, para obter para Bórgia o cardinalato[2]. Ora, Inácio não deseja essas dignidades eclesiás-

---

2. Para uma visão sumária do contexto político-religioso das relações entre Júlio III e Carlos V, ver O'MALLEY, JOHN W., *Le Concile de Trente. Ce qui s'est vraiment passé*, Bruxelas, Lessius, coll. La Part-Dieu, 2013, 172-180.

ticas para os jesuítas. Consultado como geral da Ordem a quem ele deve obediência, Inácio expôs a Bórgia sua decisão:

> A soberana graça e o amor eterno de Cristo, nosso Senhor, estejam sempre em nossos contínuos favor e ajuda.
> A respeito do chapéu cardinalício, parece-me conveniente vos expor, como faria para mim mesmo, o que se passou em mim, para a maior glória de Deus. Desde quando tive certeza de que o Imperador vos tinha proposto e o Papa estava contente em vos fazer cardeal, imediatamente experimentei uma inclinação ou moção para colocar todo obstáculo que estivesse a meu alcance. Apesar de tudo, porém, eu não estava seguro da vontade divina, em consequência de numerosas razões a favor e contra que ocorriam a meu espírito. Então, determinei aos padres da casa que celebrassem a Missa e aos Irmãos que rezassem por três dias, a fim de ser em tudo guiado para a maior glória de Deus. Durante esse tríduo, refletindo e ponderando o assunto em meu espírito, sentia em mim alguns temores. Eu me dizia "Sei eu o que o Senhor quer fazer?". E não encontrava em mim toda a segurança para me opor. Em outros momentos, quando eu retomava minha oração habitual, sentia esses temores desaparecerem. Continuei em minha busca por diversas vezes, ora com aquele temor, ora com o sentimento contrário. Finalmente, no terceiro dia, em minha oração costumeira, eu me senti com um juízo tão decidido e uma vontade tão suave e tão livre para me opor, tanto quanto pudesse, perante o Papa e os Cardeais, que, se eu não o fizesse, estaria, e ainda estou certo, de que não poderia validamente justificar-me diante de Deus, nosso Senhor. Pelo contrário, minhas razões teriam sito totalmente más.

Definimos a situação. A oposição de Inácio de Loyola ao acesso ao título de cardeal do antigo duque de Bórgia levanta, antes de tudo, as determinações gerais que Inácio desejara dar ao conjunto da Companhia, como testemunham as *Constituições*. A décima parte o explicita, os professores farão disso a matéria de um voto. Trata-se, de uma parte, de fugir da ambição e, de outra parte, de permitir a cada jesuíta contribuir, com humildade, para o fim da Companhia.

[817]
Décima parte: Como todo o corpo poderá se conservar e se desenvolver em bom estado.

6. Será igualmente importantíssimo, para estabelecer duradouramente o bom estado da Companhia, desterrar dela com grande diligência a ambição, mãe de todos os males em qualquer comunidade ou congregação, e fechar a porta a qualquer pretensão, direta ou indireta, duma dignidade ou prelatura, dentro da Companhia. Por tal motivo, todos os professos deverão prometer a Deus, Nosso Senhor, nunca pretender nenhuma, e denunciar quaisquer pretendentes. E aquele de quem se provar que a pretendeu, ficará incapaz e inábil para qualquer prelatura. Farão também promessa a Deus, Nosso Senhor, de nunca procurar prelatura ou dignidade alguma fora da Companhia, e de recusar a escolha da sua pessoa para semelhante cargo, quanto deles depender, a não ser constrangidos pela obediência a quem pode mandar-lhes sob pecado. Cada um há de esforçar-se por servir as almas segundo a nossa profissão, feita de humildade e abatimento, e por não privar a Companhia dos homens que lhe são necessários para o seu fim.

Prometerá ainda cada um a Deus, Nosso Senhor, que, quando, nas condições indicadas, tiver de aceitar alguma prelatura fora da Companhia, ouvirá depois em qualquer ocasião os conselhos do Geral, ou daquele que ele tiver designado para fazer as suas vezes. E, se julgar que o seu conselho é o melhor, segui-lo-á não porque continue, como prelado, a depender de nenhum superior da Companhia, mas porque se quer obrigar livremente diante de Deus, Nosso Senhor, a fazer o que reconhecer melhor para o seu divino serviço, e a contentar-se de ter alguém que lho recorde, com caridade e liberdade cristãs, para glória de Deus, Nosso Senhor[3].

---

3. Cf. igualmente n° 756.

O jesuíta é, pois, convidado a não aceitar o cargo do cardinalato. Entretanto, como indica o parágrafo, pode ser que deva, por obediência, aceitar o pedido que lhe foi feito e, a partir disso, consultar o geral a esse propósito. A carta a Bórgia cobre plenamente esse caso. Sem dúvida, a categoria das pessoas aqui referidas contribui para a complexidade da situação, dado que representam para a Companhia as boas graças do imperador e as do papa. Foi Bórgia que obtivera, em 1548, do papa anterior, Paulo III, o reconhecimento dos *Exercícios espirituais*. Enfim, não contava para nada que o imperador desejasse que um de seus grandes fosse nomeado cardeal. Carlos V se opusera à eleição de Júlio III antes de escolher, por razões de política, se aliar com ele. Bórgia se encontrava, assim, entre o papa e o imperador. Inácio cuidara para não se afastar dos príncipes, mas buscava conservar, antes de tudo, sua autonomia em relação à Companhia.

A carta começa, como de costume, por uma saudação que afirma, na forma de oração, seu princípio espiritual. Inácio, assim como o seu correspondente, recebera a ajuda de Deus. Em seguida, como já observamos na carta anterior, ele organizara as posições, indicando primeiro a sua.

Uma observação se impõe: Inácio "expõe o que se passou em mim". Ele não analisa a situação, mas relata sua deliberação para expressar em seguida a sua decisão. Novamente, Inácio se interessa pela maneira de fazer tanto quanto pelo resultado. Contudo, não se atém a expor o procedimento seguinte: anota o que se passa nele, a maneira como o afeta o processo da deliberação.

Para maior clareza, seguimos o fio das operações que Inácio, uma vez advertido, empreende. Ele ordena missas e orações. "Reflete e devolve o caso ao [seu] espírito." Ele ora. E o caso está decidido.

Pode-se comparar esse processo de deliberação ao que se vê manifestar-se em Inácio para a redação das *Constituições*, mas também o método proposto para as decisões nos *Exercícios*.

1. Buscando razões, devem-se considerar as vantagens e os proveitos que terei em tal emprego ou renda propostos, olhando unicamente para o louvor de Deus, nosso Senhor, e para minha salvação. 2. Devem-se considerar também as desvantagens e os riscos que há neles.

3. Em seguida, procedendo do mesmo modo, devem-se levar em conta as vantagens e os proveitos, bem como as desvantagens e os riscos de não ter (EE 182).

Vantagens e proveitos	Desvantagens e riscos
• a aceitar	• a aceitar
• a recusar	• a recusar

Inácio não se demora para descrever, nessa carta, o método. Concentra-se no que se passou para ele. Presta atenção nas moções, na maneira como os pensamentos lhe vêm e como eles o deixam. O processo de decisão é relatado aqui em seu reverso, como veríamos por trás a trama de uma tapeçaria. Por isso, Inácio interpreta a situação na qual se encontra, seu estado interior. Observamos o movimento das moções e sua interpretação:

> Durante esse tríduo, refletindo e ponderando o assunto em meu espírito, sentia em mim alguns temores. Eu me dizia: "O que sei do que o Senhor quer fazer?". E não encontrava em mim toda a segurança para me opor. Em outros momentos, quando eu retomava minha oração habitual, sentia esses temores desaparecerem. Continuei em minha busca por diversas vezes, ora com aquele temor, ora com o sentimento contrário.

Inácio declara estar incerto quanto à vontade divina, e, por consequência, ele se detve em expressar sua recusa. Abre-se um período de três dias durante o qual ele reflete. Inácio anota, então, a alternância dos movimentos, o temor que vem ou que desaparece segundo os momentos, temor que Inácio interpreta como uma falta de liberdade para se posicionar. Ele se abstém, portanto, de tomar uma posição e continua seus pedidos. O tecido é de dupla espessura — de um lado, oração e reflexão, que são operações à disposição de Inácio, que escolhe prossegui-las durante um tempo; de outro lado, a ocorrência de movimentos interiores.

Ele chega, então, à decisão:

> Continuei em minha busca por diversas vezes, ora com aquele temor, ora com o sentimento contrário. Finalmente, no terceiro dia, em minha oração costumeira, eu me senti com um juízo tão decidido e uma vontade tão suave e tão livre para me opor, tanto quanto pudesse, perante o papa e os cardeais que, se eu não o fizesse, estaria e ainda estou certo de que não poderia validamente justificar-me diante de Deus, nosso Senhor. Pelo contrário, minhas razões teriam sito totalmente más.

Em primeiro lugar, nós reencontramos o critério da confirmação que a decisão tomou e confirmou: uma doçura e uma paz que duram. A incerteza cresceu, interrompendo a alternância dos movimentos. O que ocorreu dura, os movimentos param para dar lugar a uma determinação: um julgamento decidido e uma vontade suave e livre. Razão e sentimento se fundem. Mas como a decisão foi tomada? Ela surge no final do período determinado por Inácio: os três dias durante os quais pedira a seus acompanhantes para que orassem, e os quais ele consagrara à reflexão e à oração. Entretanto, não é a duração determinada que fixa o final, como se Inácio tivesse dito "Eu me dou três dias e decidirei!". O fim se apresenta a ele durante o terceiro dia. A decisão é dada e reconhecida como "liberdade do espírito que pode tomar posição", isto é, uma vez livre do medo, das alternâncias dos sentimentos, instalou-se na duração de uma determinação e de uma doçura. A determinação não é o endurecimento da vontade, mas a sua flexibilidade, marca da unção do Espírito Santo e da liberdade adquirida.

Inácio recebe sua decisão e a reconhece no término da reflexão e da oração levadas juntamente com a atenção aos movimentos, não um sem o outro. A certeza se adquiriu interiormente diante de Deus, e dá a Inácio a segurança para poder se opor aos cardeais. No entanto, Inácio não faz de sua decisão um argumento de autoridade que viria regular a questão para todos definitivamente. O que ele adquiriu é a certeza de sua decisão. Devemos, então, nos perguntar por que Inácio partilha o relato desse discernimento com Bórgia se ali, no fundo, ele poderia ter se contentado em indicar o resultado. Ao tomar posição, Inácio deseja que outros tomem a sua, e deseja ajudar Bórgia a encontrá-la. Continuemos, então, a leitura da carta.

> Também pensei e ainda penso que é da vontade de Deus que eu assuma essa oposição e que outros tenham um propósito diverso, quanto a vos conferir essa dignidade, sem que haja nisso a menor contradição. O mesmo espírito divino pôde me mover a agir assim por certas razões, e os outros, pelo contrário, por diferentes razões, para que, no final, o desígnio do Imperador se realize. Que Deus, Nosso Senhor, atue em tudo para que sempre se faça seu maior louvor e sua maior glória! Penso que seria oportuno sobre este assunto que respondêsseis à carta que vos escreveu, de minha parte, o Mestre Polanco. Na resposta, vós declarareis a intenção e a vontade que Deus, nosso Senhor, vos deus e vos dará. Que seja redigida de tal modo que possa ser mostrada em todo lugar onde se fizer necessário. Deixaremos tudo para Deus, nosso Senhor, para que em todos os nossos negócios se cumpra sua santíssima vontade.
>
> Serão enviadas respostas por um mensageiro às cartas de 13 de março que aqui recebemos. Queira Deus, nosso Senhor, que vossa viagem e seu resultado tenham alcançado em tudo bom resultado, como nós o esperamos de sua divina Majestade. Que

esta carta vos encontre em perfeita saúde interior e exterior. Eu o desejo e não cesso de suplicar a Deus, nosso Senhor, em minhas pobres e indignas preces, para a maior glória de Deus. Que, por suas infinitas misericórdias, ele permaneça sempre em nosso contínuo favor e em nossa ajuda.

De Roma,
Inácio

O método de leitura que adotamos se apoia no movimento da carta: encontrar as posições corresponde à ação que o discurso da carta quer ver seu correspondente empreender. A ajuda dada consiste nisto: de uma parte, Inácio pede, por autoridade, que Francisco de Bórgia faça chegar a seu secretário, Polanco, uma carta com sua decisão; de outra parte, tomada a posição, e indicados o caminho e suas dificuldades, Inácio espera que Bórgia encontre o seu percurso. Entretanto, fica por esclarecer a dificuldade colocada pela concepção de Inácio.

Como as posições contrárias podem se expressar como vontade de Deus sem que isso seja contraditório? A expressão radical "também pensei e ainda penso que é da vontade de Deus" é imediatamente relativizada. "O mesmo espírito divino pôde me mover a agir assim por determinadas razões, e os outros, pelo contrário, por diferentes razões, para que, no final, o desígnio do Imperador se realize." Duas observações se impõem.

Inácio distingue entre a expressão da posição das diferentes partes interessadas e a execução. Essa distinção o envia à organização social dos poderes e ao respeito de suas diferenças. O imperador é aquele que tem a autoridade que fará com que o papa acesse ou não a sua petição, a respeito de um assunto em que o papa decide como último recurso, qualquer que seja a liberdade efetiva da qual dispõe Júlio III diante de Carlos V. Disso, Inácio não trata. Reconhecer e expressar que a sua posição depende da vontade de Deus não significa, para Inácio, que ele teria recebido, assim, um acréscimo de autoridade da parte de Deus que viria modificar a ordem da sociedade. Inácio não intervém junto ao papa e de modo algum faz de sua decisão um argumento para se opor à decisão de Bórgia. Inácio se situa como geral da ordem que Bórgia deve como tal consultar[4]. Assim, Inácio não faz de sua posição uma decisão que impeça Bórgia de tomar a sua.

Portanto, o que significa aqui essa vontade de Deus? O "mesmo espírito divino" move uns em certa direção, outros, em outras direções. Compreendemos que Deus age de maneira diferente com cada um, mas lembremo-nos da conclusão à qual chegara Inácio: o processo da decisão que conduz a estar certo da vontade divina se traduzia como "liberdade de espírito para tomar posição". Poder-se-ia dizer que a vontade de Deus é que eu me decida com toda liberdade de espírito. Encontramos aqui novamente o título dos *Exercícios espirituais*, "para se decidir sem afeição que seja desordenada". É desordenado um apego que nos priva da liberdade e que se traduz, na ordem dos afetos, por uma alternância dos movimentos, uma instabilidade do juízo, uma falta de certeza. Fazer a vontade de Deus não é, pois, aplicar uma sentença que me seria revelada no término de orações, mas proceder a uma deliberação segundo Deus. Inácio expôs a Bórgia o princípio e o processo como realmente aconteceu para ele.

Define-se, assim, a obra de Deus: é aquele que avalia os obstáculos para a liberdade, que liberta. É literalmente soberano, aquele do qual a "mais alta graça" pode ser uma ajuda, como afirmam as primeiras palavras da carta. Deus proporciona a liberdade àquele que aprende a reconhecer a orientação que dá a consolação, identificada pela atenção aos movimentos interiores no exercício de suas faculdades na oração e na reflexão.

---

4. Ver o nº 817 das *Constituições*, citado anteriormente.

B. BUSCAR AS FORÇAS QUE ABREM O CAMINHO

Tocamos aí em uma convicção fundamental de Inácio de Loyola: a ajuda não acontece se não acompanhar a paz e a alegria recebidas. Nesse fundamento, se identifica o que atrapalha o caminho espiritual, ao se desviar. Vinte anos antes, em 1536, Inácio queria iniciar a sua correspondente, Teresa Rejadell, monja de Barcelona, cujos projetos de reforma ele encoraja[5].

Encontramos Inácio em 1536, quando se hospeda em Veneza pela segunda vez. A Companhia ainda não existia, mas um pequeno grupo se reuniu ao redor dele. Inácio já pusera em forma um conjunto de práticas espirituais para ajudar as almas, papéis reunidos em um pequeno livro que se tornará os *Exercícios espirituais*. A carta, escrita em 18 de junho de 1536, se apresenta como uma verdadeira exposição da vida espiritual, cujo objetivo é ajudar sua correspondente, pelo discernimento dos espíritos, para encontrar seu caminho mediante os obstáculos que não cessam de surgir no âmbito interno:

> A graça e o amor de Cristo, nosso Senhor, sejam sempre em nosso favor e em nosso auxílio.
> Recebi a vossa carta nestes dias, e ela me trouxe grande alegria no Senhor, que vós servis e desejais mais servir. É a ele que devemos atribuir todo bem que se vê nas criaturas. Vós me dizeis em vossa carta que Cáceres[6] me informaria longamente de vossos assuntos. Ele o fez e, além disso, falou dos meios e avisos que vos deu para cada um deles. Depois de ter lido sua carta, nada vejo a

---

5. Para mais informações concernentes, ver, sobre T. Rejadell, a biografia de García Hernán, E., *Ignacio de Loyola*.
6. Provavelmente, Lopes de Cáceres, de Segóvia, que estivera a serviço do vice-rei da Catalunha. Ele conheceu Inácio em Alcalá, mas o deixou para voltar a Segóvia (seguimos aqui a nota dos *Escritos*).

acrescentar. No entanto, teria preferido ser informado diretamente por vós, pois ninguém é mais capacitado para fazer compreender suas impressões do que aquele que as experimenta.

Vós me pedistes, pelo amor de Deus, nosso Senhor, que eu cuide de vossa alma. Seguramente, eis que já há muitos anos sua divina Majestade me dá, sem mérito de minha parte, grandes desejos de tudo fazer por comprazer todos aqueles e todas aquelas que andam no caminho de sua santa vontade e de seu bom prazer. Quero também servir os que trabalham como devem a seu serviço. Não duvido que vós sejais uma dessas almas e desejo me encontrar ali onde possa transformar minhas palavras em atos.

Vós me pedistes também, com insistência, que vos escrevesse o que o Senhor me inspirasse e dissesse claramente o que penso. Direi minha opinião no Senhor, e darei, de boa vontade, explicações. Se vos parecer encontrar alguma dureza, ela é dirigida mais contra aquele que tudo faz para vos perturbar do que contra vós mesma. Há dois domínios em que o inimigo vos causa perturbação. Ele não consegue vos fazer cair em faltas que sejam pecados e que vos afastem de vosso Deus e Senhor, mas a perturbação que ele provoca vos afasta de seu maior serviço e de uma paz maior para vós. Para começar, ele vos apresenta e inculca uma falsa humildade. Em seguida, ele vos inspira um extremo temor de Deus, que vos paralisa e ocupa demais.

Sobre o primeiro ponto, a tática geral do inimigo, em relação aos que começam a querer servir Deus, nosso Senhor, consiste em lhe suscitar impedimentos e obstáculos. É a primeira arma com a qual tenta batê-los. Por exemplo: "Como vais passar a vida em tão grande penitência, privado da alegria do convívio de tua família, de teus amigos e de teus bens, numa vida solitária e com tão pouco repouso? Não há outra maneira de salvar tua alma sem te colocar em tantos perigos?". Desse modo, ele nos dá a entender, nos sofrimentos que nos faz passar diante de nossos olhos, que teremos de viver a mais longa vida jamais vivida, e não nos mostra os alívios e as consolações tão numerosas habitualmente concedidas pelo Senhor, quando seu novo servidor ultrapassa todas essas dificuldades, ao escolher querer sofrer com seu Criador e Senhor.

Em seguida, o inimigo tenta, pela presunção ou vã glória, sua segunda arma. Ele dá a entender que há na pessoa muita bondade e santidade e a coloca num nível superior a seu mérito. Se o servidor de Deus resiste a essas flechas, se ele lhes opõe a humilhação e o rebaixamento, recusando a imagem de si mesmo que o inimigo lhe apresenta, o recurso à falsa humildade é sua terceira arma. Ao ver um servidor de Deus tão bom e tão humilde, que, embora cumprindo em tudo a vontade de Deus, ele se julga totalmente inútil, considerando suas fraquezas e não sua glória, ele lhe põe no espírito que, se falar de alguma graça concedida por Deus, nosso Senhor, obras, resoluções, desejos, cai no pecado de outro tipo de vã glória, porque fala em sua própria honra. Por esse meio, ele alcança fazer calar a pessoa sobre os benefícios recebidos de seu Senhor, para impedir que dê fruto espiritual ou outro ou a ela própria, pois a recordação dos bens recebidos anima a coisas maiores. Claro está que, falando dessas coisas, deve-se fazê-lo com muita medida, no interesse de um maior bem para si ou para os outros, se suas almas estão dispostas e se sua confiança faz esperar que elas hão de tirar alguma coisa útil.

Assim o inimigo trata de desviar nossos esforços para sermos humildes para uma falsa humildade, uma humildade extremada e viciada. Vossa carta é um excelente testemunho disso. Depois de ter mencionado algumas fraquezas e alguns temores sobre esta questão, vós acrescentais: "Sou uma pobre religiosa. Parece-me que sou desejosa de servir a Cristo, nosso Senhor". Não ousais dizer "Estou desejosa de servir a Cristo, nosso Senhor" ou "O Senhor me deu o desejo de servi-lo". Dizeis "Parece-me que estou desejosa de servi-lo". Se observardes bem, vereis que esses desejos de servir a Cristo, nosso Senhor, não vêm de vós. É o Senhor quem os dá a vós. Dizendo "O Senhor me dá desejos crescentes de servi-lo", estareis proclamando seu louvor, porque publicais seu dom e vós vos gloriais nele, não em vós, porque não atribuís essa graça a vós mesma. É preciso prestarmos muita atenção, se o inimigo nos exaltar para nos abaixarmos, tendo em conta nossos pecados e nossas misérias. Se ele nos rebaixar e nos deprimir, procuremos nos elevar, graças a uma fé verdadeira e à esperança no Senhor, enumerando os benefícios recebidos. Com que imenso amor e com que bem-querer o Senhor nos espera para nos salvar! Falar a verdade ou mentir não tem nenhuma importância para o inimigo. Seu único interesse é nos vencer. Olhai os mártires, diante dos juízes idólatras: eles se declaravam servidores de Cristo. Então, vós estais diante do inimigo da natureza humana e tentada por ele, quando ele quiser tirar as forças que Nosso Senhor vos dá e quiser vos tornar tão débil e temerosa com suas armadilhas que não ousais dizer "Estou desejosa de servir a Deus, nosso Senhor!" Entretanto, deveríeis declarar proclamar sem temor: "Sou sua servidora e morrerei antes de renunciar a servi-lo". Se o demônio me representar a justiça, imediatamente devo olhar para a misericórdia. Se ele me falar da misericórdia, pelo contrário, evoco a justiça. Este é o caminho a tomar para não ser perturbado, para que o zombador seja zombado. A autoridade da Sagrada Escritura está em nosso favor, pois lemos: "Tomais cuidado de vos fazerdes tão humildes que vossa humildade não se torne tolice".

Vamos ao segundo ponto. Quando o inimigo nos enche de temor, sob a aparência de uma falsa humildade, a ponto de que não ousamos nem mesmo falar de coisas boas, santas e proveitosas, ele sugere um medo ainda pior. Não estamos separados, excluídos e distantes de Nosso Senhor? Isso decorre, em grande parte, do que precede. Pois o inimigo obteve uma vitória nos inspirando os outros temores, e fica fácil para ele nos tentar por meio desse medo. Para me explicar um pouco, vou falar da linguagem que o inimigo usa. Se ele encontrar uma pessoa cuja consciência ampla deixa passar os pecados sem notar a gravidade, ele faz todos os esforços para que o pecado venial seja nada, o mortal se torne venial e o pecado mortal muito grave se torne pouca coisa. Ele utiliza muito bem o defeito que vê em nós: uma consciência muito ampla. Se ele encontrar uma pessoa de consciência delicada — o que não é um defeito —, levando em conta que essa pessoa evita os pecados mortais e os pecados veniais possíveis (evitar todos não está ao nosso alcance), e que, além disso, ela se aplica a evitar toda aparência de falta ligeira, toda imperfeição e todo defeito, então ele se empenha em torcer essa boa consciência, tornando pecado o que não é, pondo defeito onde tudo está perfeito, com a finalidade de nos desconcertar e afligir. Frequentemente, quando ele não consegue nos fazer pecar e perde a esperança de consegui-lo, ele se arruma pelo menos para nos atormentar.

Para explicar um pouco mais exatamente como se produz esse temor, mencionarei em algumas palavras duas lições que o Senhor costuma dar ou permitir, pois uma ele dá, outra, permite. A lição que ele dá é a consolação interior, que expulsa toda perturbação e atrai a alma inteiramente ao amor do Senhor. Essa consolação, a uns, ilumina, a outros, desvenda segredos e até mais. Finalmente, com essa divina consolação, todas as penas são prazer, todas as fadigas, um repouso. Para a alma que caminha com esse fervor, esse ardor e essa consolação, a mais pesada carga parece leve; a penitência, a pena mais dura, muito doce. Essa consolação nos mostra e nos abre o caminho que devemos seguir e o oposto, do qual devemos fugir. Vem nos tempos determinados pelo desígnio de Deus. Tudo isso é para nossa utilidade.

Quando a alma se encontra sem consolação, imediatamente é outra a lição. Quero dizer que nosso velho inimigo acumula todas as dificuldades possíveis para nos afastar da rota, por onde tínhamos começado a andar. Ele nos vexa violentamente e, de modo totalmente contrário à primeira lição, não cessa de nos atacar com tristeza, sem que saibamos por quê. Não gozamos a menor devoção para rezar ou contemplar. O menor sabor e o menor gosto em falar ou ouvir falar das coisas de Deus, nosso Senhor. Nós até chegamos a nos dizer que estamos totalmente separados de Deus, nosso Senhor. Tudo o que fizemos ou que quereríamos fazer de nada vale. Ele se esforça, assim, para nos fazer perder a confiança. Precisamos, então, ver de onde provêm esse temor e essa fraqueza tão grandes: consideramos demasiadamente nossas misérias e nos deprimimos com pensamentos enganadores.

É sobre isso que os que travam o combate devem estar vigilantes. Estamos em consolação? Nós nos abaixaremos, humilhando-nos, pensando que a prova e a tentação não vai durar. Estamos tentados, sofrendo a escuridão e a tristeza que nos surpreendem? Reagiremos contra elas, sem piedade, esperando, pacientemente, a consolação do Senhor, que dissipará para longe todas essas perturbações e todas essas trevas exteriores.

Fica ainda por dizer como devemos compreender o que sentimos como vindo de Deus, nosso Senhor, e depois tirar disso proveito. Muitas vezes, acontece que Nosso Senhor trabalha nossa alma, movendo-a e forçando-a a uma ação ou outra. Fala no interior dela mesma, sem nenhum ruído de palavras. Eleva-a ao seu divino amor sem que seja possível, ainda que o quiséssemos, resistir a esse sentimento, que é o seu e que nós fazemos nosso. Ele deve, necessariamente, nos conformar aos mandamentos, aos preceitos da Igreja e à obediência a nossos superiores. Ele é cheio de humildade, pois é o mesmo Espírito divino que está presente em todas as coisas. Mas podemos, nesse ponto, nos enganar com frequência. Depois dessa consolação e dessas inspirações, a alma permanece na alegria. O inimigo, então, se aproxima, sob as aparências de alegria e com belas cores, para nos fazer acrescentar alguma coisa ao sentimento recebido de Deus, nosso Senhor, para nos fazer entrar em desordem e nos desconcertar totalmente. Outras vezes, ele nos faz diminuir a lição recebida. Coloca embaraços, dificuldades, para que não cumpramos até o fim o que nos foi mostrado. Aqui é necessária maior atenção do que em outros momentos. Muitas vezes, ele vai refrear o grande desejo que nós temos de falar das coisas de Deus. Outras vezes, vai sugerir que avancemos para além do que o desejo ou o movimento nos levam. Nisso, devemos ter mais em conta as outras pessoas do que nossos desejos pessoais. Quando o inimigo, desse modo, se empenha em diminuir ou ampliar os bons pensamentos, que tínhamos recebido, devemos — se quisermos aplaudir o próximo — fazer como aquele que quer atravessar o vau de um rio. Há uma passagem, um caminho, uma esperança de um aproveitamento?

Vamos adiante. O vau está perturbado, alguém vai se escandalizar com nossas boas palavras? Seguremos as rédeas e procuremos a ocasião ou o momento mais favorável para falar.

Tocamos questões que não é possível tratar sem desenvolvimentos consideráveis. Ficam, apesar de tudo, coisas que se sentem mais do que se explicam, em particular por carta. Se for da vontade de Nosso Senhor, espero que logo nos vejamos em Barcelona. Enquanto isso — como Castro está mais perto de vós —, creio que seria bom que vós lhe escrevais. Nenhum mal fará e algum bem se tirará. E já que me dizeis para vos escrever, com toda a franqueza, meu sentimento no Senhor, eu vos direi: bem-aventurada sereis se souberdes guardar o que possuis.

Concluindo, rogo à Santíssima Trindade que nos conceda, em sua infinita e soberana bondade, a graça perfeita, para que tenhamos o sentido de sua santíssima vontade e que nós a cumpramos inteiramente.

De Veneza, 18 de junho de 1536
Inácio
Pobre em bondade

Essa carta volta ao fundamento do conselho espiritual, o reconhecimento da consolação. O discernimento encontra aqui todo o seu vigor: nos regulamos — nos seguramos, dever-se-ia dizer — na paz e na alegria recebidas. Inácio expõe o que pode desviar da verdade da vida espiritual, o que ele denomina "a tática geral do inimigo".

1. UMA RELAÇÃO A TRÊS, MAIS UM

Teresa Rejadell solicitou a Inácio que "cuidasse de sua alma", pedindo-lhe que "dissesse claramente o que [ele] pensa e o que o Senhor inspira". Inácio concorda, e sua resposta lhe permite esboçar o quadro da relação espiritual. Marcada por franqueza, a relação entre Inácio e Teresa é principalmente triangular:

> Recebi a vossa carta nestes dias e ela me trouxe grande alegria no Senhor, que vós servis e desejais mais servir. É a ele que devemos atribuir todo o bem que se vê nas criaturas.

Em forma de preâmbulo, Inácio afirma o elo de igualdade que o une a Teresa: ele, como ela, recebe todo bem de Deus. Inácio esboça, assim, o ponto de vista do conselheiro e sua posição.

Primeiro, ele considera aquele que ajuda como um beneficiário da ação de Deus e como um servidor de Deus. O conselheiro é testemunha da relação entre Deus e aquele que ele ajuda. Segundo, visa a consolidar essa relação: "quero servir aqueles que trabalham como devem a seu serviço". Ao se colocar longe dessa relação, ele não se exclui dela; ele se alegra ao ver almas servir a Deus. Se ela supõe um conhecimento e uma experiência, a relação de ajuda espiritual não se resume a um gesto técnico. É uma participação nas relações que Deus deseja entre os homens e as quais ele providencia: juntos, participar do bem que ele dá. "Seguramente, eis que já há muitos anos sua divina Majestade me dá, sem mérito de minha parte, grandes desejos de tudo fazer por comprazer todos aqueles e todas aquelas que andam no caminho de sua santa vontade". Essa participação no desígnio de Deus se expressa pela alegria recebida que Inácio manifesta à sua correspondente. O termo "prazer" pode surpreender se não se lembrar de que, nessa época, ele pertence ao registro das relações de autoridade e de obediência, o "bom prazer" de um rei. Inácio se alegra em fazer a vontade daquele que lhe confia um serviço a cumprir. O conselheiro recebe um duplo mandato: um deles vem da pessoa que lhe pede esse serviço; o outro, de Deus, que lhe dá o desejo e a capacidade de cumpri-lo. Terceira característica: o conselheiro está autorizado pelo pedido daquele que busca uma ajuda e por sua própria relação com Deus. Ele não se aproveita da alma de outros.

Esboça-se, então, a posição daquele que busca a ajuda: ele se coloca sob a autoridade de um conselheiro a título de confiança que lhe dá e de sua relação com Deus. Os termos que Inácio retoma com Teresa não podem ser mais claros: "Vós me pedistes também, com insistência, que vos escrevesse o que o Senhor me inspirar a dizer claramente o que penso". A distinção é precisa. O conselheiro é um homem à escuta de Deus, mas a advertência que dá não se identifica com o que o Senhor lhe inspira. Vimos no caso da carta de Bórgia. Não se devem confundir os três polos da relação espiritual: Deus, o conselheiro e o aconselhado — é capital. A autoridade que se exerce na ajuda aí encontra seu jogo livre.

Nessa relação em três termos, ocorre imediatamente na pena de Inácio outro protagonista: "o inimigo". Nós o reconhecemos pelo seu aspecto: "aquele que tudo faz para vos perturbar". Sem ênfase, a descrição é eficaz. Encontramos o princípio espiritual já localizado: a existência está orientada por apenas um único polo, Deus, que destina o homem à paz e à alegria. Com esse princípio, é possível se localizar. A ausência de paz, a desordem, e a perda da alegria, a tristeza, são bons índices que nos afastam daquilo que torna a existência uma vida boa. A carta prossegue expondo, de maneira mais estruturada, os obstáculos que ocorrem no caminho para a alegria.

2. A TÁTICA DO RELATO

Como pedagogo da vida espiritual, Inácio diz os dois principais obstáculos que Teresa encontra. Mas para explicar que, ao indicar esses obstáculos, não a acusa, Inácio dá conta da "tática geral do inimigo". Como ele lhe declarou antes, caso Teresa encontrasse em suas propostas alguma dureza, não seria isso contra ela, mas contra o que a retém. A distinção é de grande peso, uma vez que ela supõe que o mal do qual cada um é a vítima não obstaculiza radicalmente sua capacidade de se conduzir. A proposição não pareceria nada se não encontrasse, na época de Inácio e sem dúvida ainda hoje, defensores. O livre-arbítrio não pode ser tido por nada[7]. É à liberdade daquele que ele aconselha que Inácio se dirige. Designar como fator de desordem outro diferente de si que age sobre si permite reintroduzir o espaço em que a vontade pode se decidir a agir e tomar um novo caminho. O inimigo não dispensa se reconhecer como culpável ou cúmplice, mas eu não me identifico com o mal que faço. Representar o homem como se pudesse ser o sujeito de uma vontade adversa, "o inimigo", abre a possibilidade a cada um de exercer sua liberdade em outra direção. A adversidade é o que prejudica o crescimento de uma pessoa. A personificação dessa força contrária à vida permite um efeito de distanciamento. A dramatização não consiste na intensificação retórica dos perigos; ela permite se representar, e, portanto, se colocar a distância numa cena imaginada na qual eu posso me ver lutando com aquilo que em mim me domina e me dificulta para responder àquilo que me chama. O discurso do conselheiro ajuda a exteriorizar a divisão interior da pessoa pelos meios de uma ficção. Quem ataca usa de armas diferentes: imagina obstáculos e os intensifica, oculta as consolações.

O conselheiro fornece àquele que procura ajuda os meios de representar sua cena interior, mas deixando livre o jogo da identificação. O conselheiro não denuncia. Enumera as armadilhas amplamente encontradas pela tradição espiritual: desânimo, falsa humildade, vã glória. Ao se colocar no cenário geral de uma en-

---

7. EE, Regra 17.

trega codificada, o conselheiro visita as grandes coordenadas da existência e às quais cada um enfrenta: a relação com a morte e a imagem de si, que podem ou não conduzir à extinção do desejo de viver. "Falar a verdade ou mentir não tem nenhuma importância para o inimigo. Seu único interesse é nos vencer." Desfilam, então, as falsas representações da existência: em nosso desejo de viver, quereríamos economizar as penas, como se uma vida não fosse feita também de sofrimentos e alegrias, as quais podem ocorrer mesmo por meio de certas renúncias.

Inácio aproxima seu correspondente à sua cena interior pela ficção de um relato. Começa pela descrição dos primeiros truques do inimigo, que tem o papel de um pedagogo: "Para começar, ele vos apresenta e inculca uma falsa humildade. Em seguida, ele vos inspira um extremo temor de Deus, que vos paralisa e ocupa demais". Dessa vez, Inácio não fala de regras, ele narra. Por comparação, podemos ler a quarta regra para "um maior discernimento dos espíritos" da Segunda semana dos *Exercícios*:

> É próprio do mau anjo, assumindo a aparência de anjo da luz, introduzir-se junto à pessoa devota para tirar vantagem própria. Isto é, sugerir pensamentos bons e santos, conforme a essa pessoa justa, e depois, pouco a pouco, procurar sair com a sua, atraindo-a para seus enganos escondidos e suas perversas intenções (EE 332).

Inácio não perde seu caminho pedagógico: detalha o relato retomando-o ponto por ponto. A arte de contar está a serviço da instrução espiritual. A ficção retoma o passo quando ocorre o exemplo. Inácio dá a palavra ao inimigo para nos explicar o tipo de sugestão que ele propõe. "Como vais passar a vida em tão grande penitência […]?" De composição simples, em que alternam palavras relatadas e discursos indiretos, o relato tem em vista marcar a graduação e a variedade de papéis que o inimigo mantém. De pedagogo mal-intencionado torna-se opositor deliberado; em seguida, falso pensador, conduz a alma a se torcer sobre si mesma: "Se eu reconhecesse as graças que Deus me deu, isso seria me concedido como honra". Então chega a ser destruída a principal fonte de existência segundo Inácio: o reconhecimento dos benefícios recebidos. "A recordação dos bens recebidos anima a coisas maiores."

Inácio prossegue o relato, mas ele vai um passo além e parece ultrapassar o limite que se prescreveu. Se até então parecia que Inácio esperava de seu correspondente que ele se identificasse com a alma atacada pelo inimigo, nos parágrafos seguintes, Inácio toma a dianteira:

> Assim, o inimigo trata de desviar nossos esforços para sermos humildes para uma falsa humildade, uma humildade extremada e viciada. Vossa carta é um excelente testemunho disso.

A carta prosseguirá no tom da determinação. Inácio continua a falar dos truques do inimigo, e depois recomenda com vigor a atitude a ser adotada para não se deixar vencer. Mesmo a ironia não está ausente de suas palavras para despertar o dever de si mesmo de lutar contra o que prejudica.

> Entretanto, vós que estais diante do inimigo da natureza humana e tentada por ele, quando ele quiser tirar as forças que Nosso Senhor vos dá e quiser vos tornar tão débil e temerosa com suas armadilhas que não ousais dizer "Estou desejosa de servir a Deus, nosso Senhor!", então, devereis declarar seu temor: "Sou sua servidora e morrerei antes de renunciar a servi-lo".

O tom se endurece: Inácio propõe a tática que ele opõe à do "demônio", cujo nome aparece. Para ele responder, uma única arma: a ação imediatamente oposta:

Se o demônio me representar a justiça, imediatamente devo olhar para a misericórdia. Se ele me falar da misericórdia, pelo contrário, evoco a justiça. Este é o caminho a tomar para não ser perturbado, para que o zombador seja zombado.

A ajuda do conselheiro aparece aí sob um novo dia: tem em vista despertar uma explosão de consciência para que seu correspondente ganhe um novo espaço de liberdade. Fornece armas recomendando atitudes precisas de luta. O enunciado de regras a considerar para encontrar como levar sua vida não basta sempre; o conselheiro investe mais fortemente sua autoridade, detalhando as maneiras de combater contra o que prejudica àquele que o consulta. Ele apela à responsabilidade que cada um mantém para si. Se o tom se faz vigoroso, é preciso observar, entretanto, que Inácio jamais confunde aquele que se debate sobre o que o entrava com as causas que o afetam. A designação do demônio como inimigo da natureza humana preserva do desespero aquele que procura conselho. De uma parte, a vítima não é única. É a natureza humana que se tem em vista, o conjunto da humanidade. De outra parte, expor as manobras a opor dá a possibilidade de responder e de vencer. Estamos longe da descrição dos desânimos da humanidade sob os golpes da vontade própria dos moralistas franceses do século XVII que pareciam não deixar escapatória alguma e nenhuma esperança de liberdade para o homem. Os truques narrativos do conselheiro procuram assegurar aquele que lhe dirige na esperança de uma vitória e lhe fornece os meios de alcançá-la.

O relato e as determinações do combate contam com as forças de seu leitor. O discurso do conselheiro espiritual não pretende subjugá-lo com a miséria do homem e fazê-lo admirar a grandeza de Deus. É, aliás, para Inácio um truque do inimigo que nos faz crer "separados, excluídos e longe de nosso Senhor". Ele lhe descobre um Deus a seu serviço que lhe dá os meios de conquistar uma liberdade maior, quando a alma se dobra sobre si mesma e perde a coragem por não estimar na justa medida as forças que lhe são dadas e que lhe convêm descobrir.

3. SOB A AUTORIDADE DE DEUS

A armadilha do relato seria encerrar o seu leitor na visão de um combate entre duas forças antagônicas em partes iguais. Certamente, Inácio não minimiza a belicosidade do inimigo e a ameaça que espreita. O inimigo quer vencer a humanidade, prejudicar o que nos torna humanos. Mas Inácio cuida de lembrar o que constitui a articulação de seu ensinamento espiritual, enraizado na fé cristã. A consolação virá e o conselheiro ora para que isso aconteça. Novamente, a abertura da carta, longe de ser um endereço piedoso, é a fé mesma de Inácio:

> A graça e o amor de Cristo, nosso Senhor, sejam sempre em nosso favor e em nosso auxílio.

A carta seguinte à Teresa Rejadell, enviada alguns meses mais tarde, não poderia ser mais explícita:

> Sobretudo, pensai que vosso Senhor vos ama. É para mim algo indubitável. Respondei-lhe com o mesmo amor. Não vos preocupeis com os pensamentos maus, impuros ou sensuais, os sentimentos de miséria ou de tibieza, quando os provais apesar de vós. Nem São Pedro nem São Paulo jamais chegaram a impedir que, no todo ou em parte, esses sentimentos não lhes ocorressem. Se o resultado não é perfeito, ele é pelo menos sério quando se faz pouco caso desses movimentos. Igualmente, não serão as boas obras dos bons anjos que me salvarão, não serão certamente nem

os pensamentos maus e as fraquezas que os maus anjos, o mundo e a carne que me representam que me condenarão. É apenas minha alma que Deus, nosso Senhor, quer ver conforme a sua divina Majestade. É essa alma tão submissa que faz caminhar o corpo, voluntariamente ou à força, segundo a divina vontade. Aí se dá nosso grande combate; aí também se encontra o bom prazer da bondade eterna e soberana. Que ele queira, em sua piedade e sua graça infinitas, nos ter sempre em sua mão[8].

Eis em duas palavras o combate situado e os meios para prevalecê-lo. A vitória vem somente de Deus, ao qual respondemos por meio do amor. A desordem nada pode, e nós não precisamos parar por aí; igualmente, as sugestões que nos chegam não são senão ajudas ou obstáculos. Nada nem ninguém têm a última palavra, exceto Deus. Sua majestade assim se define. E o seu poder foi definido desde o início, e "indubitavelmente", como amor e favor.

A autoridade que Deus exerce sobre o homem é uma autoridade beneficente: "o bom prazer da bondade eterna e soberana". A submissão pedida é total: ela se expressa na oposição do corpo e da alma que marca Inácio e o seu tempo. A relação com Deus é descrita mediante as imagens do poder real. O rei é aquele que tem o dever de proteger seu povo e de exercer sua misericórdia por ele por meio de sua justiça. Confiar inteiramente nele, se manter em sua mão, nada tem da submissão servil, mas da confiança em sua bondade pela qual eu posso ser "o seu sujeito": chamado a viver e a trabalhar em seu reino de acordo com um lugar que eu devo manter. Quanto ao rei, ele é encarregado de organizar a vida de seus súditos e protegê-los de seus inimigos. Mas o êxito desse reinado está assegurado. O conhecimento indubitável que Inácio tem vem da vida real que Cristo ensina (EE 139). O rei será para sempre soberano, a vitória contra

---

8. Veneza, 11 de setembro de 1536.

o inimigo foi vencida. A divindade, que "parecia se esconder na Paixão" (EE 223), ficou unida à alma bem-aventurada de Cristo, que expirou na cruz (EE 219). A tentação é acreditar que podemos estar separados de Deus.

Essas relações de autoridade podem nos escapar. Elas são precisamente implementadas por Inácio. Estaremos convencidos delas ao reler o segundo exercício da primeira semana, que é uma meditação sobre os pecados. Após ter pedido àquele que faz os *Exercícios* para se lembrar metodicamente dos pecados de sua vida, para medir a sua importância, e para se situar em comparação com tudo o que existe e com Deus, Inácio faz considerar essa majestade de Deus e convida a se deixar surpreender por se encontrar sempre em vida. "Exclamação admirativa com intenso afeto", está escrito sem verbo nem sujeito, porque é somente o corpo que fala em primeiro lugar e possibilita a cada um ser sujeito. A lição vem dos salmos. Inácio propõe, então, poder se dirigir a esse Deus, referindo-se a ele no que se denomina um "colóquio".

> Terminar com um colóquio de misericórdia, falando e agradecendo a Deus, nosso Senhor, por me haver dado vida até agora. Fazer o propósito de emendar-me com a sua graça daqui para a frente. Rezar o "pai-nosso" (EE 61).

No fim dos *Exercícios*, o propósito voltará, transformado pelo caminho percorrido na contemplação de Cristo, que ensina por intermédio de sua vida tanto quanto por meio de suas palavras. O que Deus dá, por amor, é viver. O "desígnio de Deus", sua "vontade", é desejar "dar-se a mim" quanto puder[9]. A imagem da soberania de Deus é equilibrada pela experiência do amor

---

9. Entrar nessa compreensão da majestade de Deus supõe todo um itinerário. A décima oitava regra para sentir com a Igreja, última palavra do livro, não faz uma exigência, mas uma orientação. Ver EE 370.

de Deus recebido efetivamente em todas as ocasiões que Inácio chama sem cessar para a descoberta.

4. A PAZ COMO MOVIMENTO

Compreendemos melhor, sem dúvida, a atenção aos movimentos que Inácio pede a Teresa Rejadell. A finalidade do inimigo é "nos desconcertar e afligir" — dito em outras palavras, nos desviar da alegria que Deus dá. Porque a função da consolação é guiar-nos e dar-nos os meios de conduzir nossa vida. Inácio não se afasta nunca desta determinação da existência: somos chamados à alegria, mas esse apelo nos põe em prova. Fortificados por esse apelo, que é o desejo de todo homem, tudo o que nos desvia é a pista de que estamos errados e de que devemos racionalmente fugir. Mas o principal, o que nos permite orientar-nos, é certamente a alegria e a paz na qual ela nos prepara para viver:

> Esta consolação nos mostra e nos abre o caminho que devemos seguir, e também nos mostra o oposto, do qual devemos fugir. Vem nos tempos determinados pelo desígnio de Deus. Tudo isso é para nossa utilidade.

Inácio define, assim, o princípio do discernimento dos espíritos, isto é, dessa clareza em si mesmo, que permite determinar as influências que se devem consentir, nas quais se devem acreditar. Inácio não se contenta em indicar a Teresa regras para viver a própria vida; suas exortações ao combate não são suficientes. Ele lhe descobre o princípio mesmo da obra de Deus. Deus e homem não são colocados frente a frente, como se Deus submetesse sua criatura. Deus está a seu serviço como um rei fiel cuidadoso de suas pessoas, ou como um mestre que ensina como viver. Como um novo personagem, Deus é um pedagogo.

A lição que ele dá é a consolação interior, que expulsa toda perturbação e atrai a alma inteiramente ao amor do Senhor.

Certamente, a consolação exige, também, toda a atenção daquele que a recebe, porque aí ainda o inimigo pode se misturar para acrescentar "suas belas cores" e "desconcertar". Mas, nessa última advertência, Inácio apenas repete o único princípio da vida espiritual e os meios de se conduzir para não se enganar. A consolação é o diapasão com o qual se concorda para caminhar com segurança.

O erro seria acreditar dever se regular pela alternância e pela variedade dos sentimentos interiores, como ele escreve a Teresa Rejadell em duas vezes. Ora, é na consolação que Inácio chama a se apoiar. Ao perseguir a desordem, a consolação é o princípio de uma estabilidade que permite ir mais longe. A consolação não é o ninho no qual se instalar, mas a força comunicada, um acréscimo que atrai, acalma e pacifica, como a define Inácio nos *Exercícios*. A paz é um movimento que se entretém pela capacidade de "enumerar" os benefícios que recebemos[10]. Nada nos prejudica mais do que esquecê-los: o medo de ser abandonado na existência nos apanha e pode nos carregar. O reconhecimento retira dessa reclusão; não só a vida e os benefícios que me são continuamente dirigidos, e ainda eu sou esperado.

Com que imenso amor e com que bem-querer o Senhor nos espera para nos salvar!

---

10. Ver aqui a anotação 7 da Carta.

V

ENCORAJAR E CORRIGIR: ENCONTRAR DEUS PARA DISCERNIR

O que fazer quando chegam a hesitação ou a desordem? Onde as regras são conhecidas, já afirmadas e recebidas, o conselheiro deve tomar outro caminho para que o Espírito de liberdade não se perca. Inácio propõe apenas um remédio: lembrar que a consolação que Deus dá ajuda a encontrar a orientação da existência. A simplicidade desse princípio não dispensa o vigor do combate e da vigilância refinada para a exercer.

A longa carta que segue, conhecida com o nome de carta "aos padres irmãos de Coimbra"[1], foi redigida em 1547. É uma carta com destino geral. Inácio não dispensava seus conselhos somente a particulares. Enviava suas recomendações a esse grupo que partia em missão, a tal Província.

Sobre o contexto, será suficiente lembrar que a Província jesuíta de Portugal foi a primeira a ser fundada. Era preciso, para a ordem recém-nascida, inventar sua maneira de viver. As *Constituições* não estavam ainda promulgadas, e as instruções não regulavam as questões que ocorriam. Sem vida conventual, submetidos a uma formação longa, encorajados para uma vida fervorosa

---

1. Tradução baseada no livro *Obras completas de San Ignacio de Loyola*, 4ª ed., Madri, Biblioteca de Autores Cristianos, 1982, 717-727. (N. do T.)

de oração, para os estudos e para as missões, os jovens jesuítas de Portugal se encontraram desprovidos. Muito rapidamente, desordens ocorreram sem que o padre provincial, Simão Rodriguez, um dos companheiros fundadores da Companhia com Inácio, pudesse reagir. Forte personalidade, não deixava de encorajar o zelo e as manifestações públicas de devoção na cidade de Coimbra, onde se encontrava o colégio para formar os oitenta jesuítas recém-ingressos na Companhia.

Inácio deve ter enfrentado uma situação de crise espiritual que coloca a questão do exercício da autoridade nesse campo. Como se posicionar quando está em questão a vida do Espírito não somente de uma pessoa, mas de todo um grupo? Um superior, fosse ele o geral ou o fundador, tem autoridade para orientar a vida espiritual dos membros de sua ordem? Se sim, como? A resposta depende do papel que Inácio dá a Deus em seus conselhos, não somente da posição que ele toma para aqueles que ele aconselha e governa, mas também de sua atitude para com Deus. Os desafios são grandes, uma vez que se trata de invocar Deus para resolver uma crise espiritual sem instrumentalizá-la.

A. UMA VISÃO GERAL DA RESPOSTA: MANTER O ELÃ DE GENEROSIDADE

A saudação da carta em forma de oração esboça, uma vez ainda, o princípio da resposta. "A graça e o amor eterno de Cristo, nosso Senhor, estejam sempre em nosso favor e em nosso auxílio". Deus não tem autoridade senão de sua solicitude benevolente. Mas uma coisa é afirmar o princípio, outra é segui-lo na maneira de exortar um grupo de jovens religiosos para encontrar a orientação almejada pela Companhia e por Inácio.

A posição de Inácio claramente se afirma desde o início: informado regularmente da situação, Inácio se alegra da "boa fama" dos jesuítas do colégio de Coimbra não somente como o faria todo cristão, mas ainda mais pelo fato da "afeição toda especial" que ele é obrigado a lhes mostrar, como padre geral. Eleva-se logo sua oração a Deus, de quem vem todo o bem. Em seguida, desde o quarto parágrafo, uma longa exortação, feita no princípio de encorajamento para sustentar o zelo e a busca da excelência que anima esses estudantes (§ 4-15). E, após ter reconhecido o elã da generosidade deles, Inácio denuncia seus excessos, que manifestam uma falta de discernimento. A maneira de passar de uma posição a outra, do encorajamento ao aviso, deve ser observada particularmente. Com frequência, Inácio procura não quebrar o elã, mas reorientá-lo. A transição não perde uma certa ironia...

> O que até aqui tenho dito para despertar a quem dormisse e fazer correr mais a quem corresse pouco, ou ficasse no caminho, não se destina a proporcionar a oportunidade de expor, em contrário, excessos de um fervor indiscreto.

A obediência será o único remédio para a falta de discernimento; à natureza deste, Inácio consagra um longo desenvolvimento (§ 16-23). Inácio conclui definindo as atitudes para o período de estudos em que se encontram seus correspondentes: "Nos tempos que duram vossos estudos, não imagineis que sois inúteis ao próximo". Inácio reorienta o zelo generoso de seus estudantes: pela intenção, os estudos participam da missão futura; eles são o lugar de oferta total de si que exige, tanto quanto o resto, o aprendizado da vida virtuosa à qual esses jovens jesuítas aspiram (§ 24-28). A carta acaba em oração para que Deus mantenha esse dom generoso deles, dos quais esses estudantes dão testemunho.

O tom da carta, para ser claro e vigoroso, é, no entanto, imbuído de paciência. Inácio se comporta da forma como as *Constituições* exigem do superior: corrigir com caridade e prudência.

Em matéria de correções e penitências, a forma de se fazer isso deve ser observada (N), a medida a guardar deve ser deixada à discreta caridade do Superior e dos que ele delegar para tal fim. Para isso, tenham em consideração as disposições das pessoas, a edificação geral e a de cada um em particular, para a glória de Deus. E cada qual deveria aceitá-las de bom grado, com verdadeiro desejo de sua emenda e progresso espiritual, mesmo quando se dessem por alguma falta não culpada.

N. Relativamente às correções, a ordem a seguir, ainda mesmo que a discrição a possa alterar em casos particulares, será esta: repreender-se-ão os culpados a primeira vez com amor e doçura; na segunda vez, com amor, mas fazendo-lhes sentir confusão e vergonha; na terceira vez, com amor, mas inspirando-lhes temor. Para faltas públicas, a penitência deve ser pública, mas divulgando apenas aquilo que convém para a maior edificação de todos (CS 269-270).

Conscientes de enviar aos estudantes uma longa carta, Inácio e seu secretário, Polanco, estruturam fortemente a correspondência. A primeira parte se conclui por um resumo (§ 15) por meio do qual, para lutar contra a dispersão, Inácio convida a se "centralizar na honra de Jesus Cristo e na salvação do próximo". A segunda parte inicia por uma retomada — "o que eu fiz até aqui" — e introduz ao cerne da carta: corrigir o excesso de fervor na ausência de discernimento.

Segue-se a enumeração de inconvenientes introduzidos por uma reunião de três citações bíblicas, uma referência a Bernardo de Claraval e uma alusão a um adágio da filosofia grega. A carta dá, assim, peso ao uso necessário, na vida espiritual, da moderação. O fervor excessivo pode se revelar enfermidade espiritual (§ 16). Quatro consequências dessa falta de moderação são então afirmadas. Se as Escrituras e os autores espirituais ainda matizam o assunto, é necessário notar aqui o caráter figurativo e o estilo simples: o cavalo muito cansado não pode chegar ao fim de sua corrida, "a queda é tanto mais perigosa quando se cai de mais alto, rolando até abaixo da escala", a barca carregada em demasia afunda em consequência de seu peso. Ditados da sabedoria popular, fáceis de memorizar, ajudam pela leveza de seus registros a passar na correção. O quarto inconveniente explode com mais força, pela ruptura do tom: "Ocorre que, ao crucificar o velho homem, crucifica-se o novo". Ao empregar o vocabulário espiritual mais elevado, aquele que está apegado à pessoa de Cristo em seu sacrifício, Inácio dá a entender o erro de juízo mais grave: a mortificação perdeu seu alvo.

A continuação da carta conserva o tom no qual as referências escriturárias e espirituais alternam com imagens simples. "O discernimento é um pássaro raro, difícil de encontrar." É necessário destacar os espíritos. Enfim, Inácio dá conselhos para a situação presente, uma vez orientado pelo fervor excessivo: oferecer seu trabalho e sua intenção de servir, se tornar santo e virtuoso para fazer o próximo semelhante a si, a exemplaridade de vida, desejar ajudar o próximo são ajudas. Inácio pode concluir ao encorajar a conversa com homens experientes que são próximos dos estudantes. "É por isso que eu poderia ter dispensado a escrita. Mas isso me ocorre tão raramente que eu quis, desta vez, encontrar em vós a minha consolação ao vos escrever longamente." A carta é, a princípio, consolação daquele que escreve. Inácio declara, assim, a autoridade por meio da qual lhe ocorrem os conselhos e a correção que ele entende dar aos estudantes. Ele explicará na carta em que consiste esse exercício da responsabilidade na consolação.

B. TEMPERAR A EMULAÇÃO RELIGIOSA

Inácio se dirige a um grupo que conhece uma espécie de aquecimento coletivo. As manifestações excessivas confundem os espíritos e ameaçam comprometer a formação dos jesuítas. Inácio compreende a questão que se coloca a esses jovens membros da Companhia: como ser um "bom religioso" quando há o sentimento de que os estudos solicitados afastam o que deveria ser feito? A questão é que os estudantes não ficaram estagnados nesse sentimento e entraram em ação com fervor.

A resposta de Inácio demonstra a análise que ele fez da situação. Ele leva em conta a emulação que ocorre entre os jovens religiosos e o jogo das imagens, no qual uns se referem aos outros.

> Que cada um de vós tenha diante dos olhos, para tomar coragem, não aqueles que lhe parecem capazes de pouco, mas sim os ardorosos e os mais corajosos.

Em vez de quebrar o movimento de emulação, Inácio se alia a ele e o fortalece. Ele se baseia no entusiasmo manifesto dos jovens jesuítas. Apoia-se no que dinamiza, de acordo com a pedagogia da consolação. No entanto, se houver aqui um movimento interno que "atraia para as coisas celestes", segundo a definição da consolação, os sinais de paz e de alegria faltam. O entusiasmo, bem real, não está claramente orientado para Deus. O zelo serve a outros motivos e se perde em alguns meandros.

Encontramos a maneira de Inácio tal como formulara para Teresa Rejadell: "Devemos — se quisermos aplaudir o próximo — fazer como aquele que deseja atravessar o vau de um rio. Há uma passagem, um caminho, uma esperança de um aproveitamento? Vamos adiante. O vau está revolto, alguém vai se escandalizar com nossas boas palavras? Seguremos as rédeas e procuremos a ocasião ou o momento mais favorável para falar"[2]. Inácio encontrou a ocasião: o zelo dos seus estudantes lhe abre um caminho para repreendê-los.

---

2. Carta 7, 18 de junho de 1536.

O entusiasmo anima esses jovens. Uma imagem da perfeição religiosa os habita. Procuram o ideal da vida jesuíta: no espírito deles, uma vida de oração e de pregação basta para responder à vocação. Inácio reconhece em todos o desejo e a orientação que deram em suas vidas: para a honra e a glória de Deus, na busca de sua própria salvação e na ajuda do próximo (§ 5). E Inácio prossegue:

> Todos os estados de vida cristã são evidentemente orientados para esse fim. Mas Deus, que vos deu essa vocação, não somente indicou uma orientação válida para todos os homens. Como que vos gasteis nesta a vossa vida e vossas atividades, deveis fazer de vós mesmos um sacrifício contínuo à glória de Deus e à salvação do próximo; deveis trabalhar para essa glória não somente pelo exemplo e pelos fervorosos desejos como também pelos meios exteriores que sua divina Providência estabeleceu para que nós nos ajudemos uns aos outros. Podeis, portanto, ver quão nobre e real é o gênero de vida que escolhestes. Nem entre os homens, nem mesmo entre os anjos, não há mais nobre atividade do que glorificar seu Criador e trazer de volta para ele suas criaturas na medida em que cada uma é capaz (§ 6).

Inácio confirma a escolha de vida desses jesuítas e reconhece o valor do seu compromisso. E a reorientação que Inácio espera desliza com os elogios: aos fervorosos desejos podem se acrescentar os "meios exteriores", aqui os estudos, como os define a quarta parte das *Constituições*. Inácio reordena os meios ao fim e deve enfrentar uma dificuldade: a oração é um meio mais importante que os estudos e, nesse sentido, deve ser privilegiada?

Para operar uma conversão, Inácio propõe um exercício — "Considerai, pois, a vossa vocação" — consideração esta que vem acompanhada de uma ação de graças e de um pedido: "Podeis de uma parte dar a Deus grandes ações de graça por este benefício e de outra parte pedir-lhe o favor especial de corresponder aí e de comprometer todo zelo de vossa alma, o que é muito necessário para chegar a tal fim". Ao corrigir o excesso, Inácio não pretende, a princípio, limitar a intensidade de um compromisso, mas sim o lugar de sua aplicação. O entusiasmo não tem outra medida a não ser o dom inteiro de si mesmo, e a aplicação concreta desse dom deve ser encontrada.

C. VIVER DA PERFEIÇÃO DE DEUS OU OUTRA PERFEIÇÃO...

A perfeição que os jesuítas de Coimbra procuram deve ser situada diante de Deus. O exercício de consideração de sua vocação pretende conduzir a isso ao se dispor reconhecer Deus como seu autor e a pedir-lhe os meios para lhe responder. Os meios se recebem também de Deus. Contudo, é importante não se enfraquecer no que pode ser feito por Deus "na aquisição da ciência como na da virtude" (§ 2, 9), é mais importante nunca perder de vista o fato de que tudo vem de Deus. Inácio volta à perspectiva que lhe parece animar os estudantes. O acento é posto não tanto sobre o que deve ser feito por amor e para a honra de Deus e o serviço dos homens quanto sobre a mesma ação de Deus e seu próprio desejo por nós, sua benévola solicitude.

1. NA PERSPECTIVA JUSTA

Inácio restabelece a perspectiva da vida religiosa desde o início da carta, no terceiro parágrafo, quando ratifica a conduta dos estudantes. Com seus progressos e com a consequente fama, Inácio regozijou-se. Ele engana seu mundo para entendê-lo melhor? Poder-se-ia acreditar, mas a carta é mais sutil. Se há motivos para se regozijar ao ver religiosos trabalharem incansavelmente para louvar, respeitar e servir a Deus e se colocar a serviço do próximo, o verdadeiro motivo da alegria é Deus, "cuja liberalidade infinita é a fonte de todo bem e de toda graça". A sintaxe desse terceiro parágrafo dá um bom sinal desse trecho.

A alegria que Inácio compartilha com aqueles a quem se dirige é um dever ao qual todo cristão está obrigado, e ele mais particularmente, pela responsabilidade que exerce como padre geral, do qual dependem esses jesuítas. "Se todo cristão deve se regozijar, uma vez que somos todos obrigados a amar a honra de Deus e o bem do homem [...], com mais forte razão farei isso em nosso Senhor, uma vez que sou particularmente obrigado a vos levar em meu coração [...]" O motivo de alegria deriva do progresso dos jesuítas e de sua boa fama. Disso *deve*-se regozijar. Inácio acrescenta uma fórmula que pode passar despercebida: "Com mais forte razão, farei isso em nosso Senhor". Regozijar-se no Senhor: não se regozijar com o bom exemplo deste ou daquele, mas regozijar-se ao ver o que o Senhor opera nesses homens. Daí o trecho do que cada cristão, e *a fortiori* Inácio, deve considerar como seu *dever* a uma exclamação de *louvor* e de *bênção*: "Que tudo seja continuamente abençoado e louvado por nosso criador e redentor, cuja liberalidade infinita é a fonte de todo bem e de toda graça!" Inácio não louva os estudantes, mas é Deus quem opera neles. Inácio, como ainda será mostrado, insiste em afirmar que cada um descubra o que Deus está fazendo, que discerne o trabalho do Espírito em si para que todos se regrem por ele. Portanto, é necessário que Inácio, desde o início, situe na direção certa o olhar daqueles que exorta. No louvor de Deus, Inácio dispensa o registro do elogio de seus correspondentes para inscrevê-los na dinâmica espiritual que, sozinha, conta aos olhos de Inácio.

E encontramos... a dinâmica da consolação. Da obrigação feita a todo cristão de se regozijar com as boas obras de outros cristãos, Inácio chegou a se regozijar com Deus em um ímpeto de amor. Pede, então, a Deus conceder o que faz crescer e progredir: "suas misericórdias". E como se quisesse insistir sobre a posição absoluta de Deus, isto é, manifestar como Deus é o primeiro que trabalha como fonte de tudo o que poderia ser motivo de se regozijar, Inácio escreve:

> Que lhe agrade espalhar todos os dias mais suas misericórdias para que cresça e progrida o que começou em vós. Não tenho dúvidas disso: é o que farão *sua soberana bondade*, que esbanja tão magnificamente seus bens, e *este eterno amor*, que lhe faz desejar nos dar a perfeição mais do que nós desejamos recebê-la.

Os atributos de Deus, sua "soberana bondade" e seu "eterno amor", tornam-se sujeitos: Deus se comunica no que ele é. Inácio lembra aos seus correspondentes os benefícios de Deus e Deus no que ele é, ele mesmo no movimento de se dar. Se quem é familiar dos *Exercícios* reconhece sem dificuldade a "Contemplação para alcançar o amor", compreende, no entanto, que Inácio devia colocar diante dos olhos de seus destinatários esse movimento inicial que lhe parece sempre necessário para lembrar. Eis, portanto, um "exercício" que Inácio faz diante de seus correspondentes e que lhes dará a fazer no parágrafo 7.

Estamos lidando com um dilema? Não no sentido de que Inácio teria um duplo discurso. Certamente, os jesuítas de Coimbra davam motivos para reclamar, mas, em vez de ter uma simples *captatio* retórica, Inácio se faz, a princípio, atento à maneira pela qual Deus opera em todos. Vislumbramos essa capacidade de Inácio para encontrar Deus em todas as coisas, e essa disposição de benevolência em ver no próximo o que procura para se salvar sem se deter inicialmente no que perde (EE 22). Inácio localiza o vau para atravessá-lo. O que conta inicialmente para ajudar aquele que erra o caminho é ver como Deus já trabalha nele e "o que começou". É por sua fé na obra de Deus que Inácio esbanja seus conselhos. Deus está na origem e no desenvolvimento de tudo o que concorre para o nosso bem. Ele é também o fim. "Sede perfeitos como o vosso Pai dos céus é perfeito." O conjunto do parágrafo mereceria ser citado e relido aqui.

2. A PERFEIÇÃO: O QUE DEUS REALIZA

Retenhamos apenas a consequência mais importante dessa reversão da ideia de perfeição.

> Não tenho dúvidas disso: é o que farão *sua soberana bondade*, que esbanja tão magnificamente seus bens, e *este eterno amor*, que lhe faz desejar nos dar a perfeição mais do que nós desejamos recebê-la.

A perfeição é o que Deus opera em nós por meio de seu amor e de sua misericórdia. Inácio não cessa de repetir no início de suas cartas, suas saudações expressam a obra da salvação: "A soberana graça e o amor eterno de Cristo, nosso Senhor, sejam sempre em nosso favor e em nossa ajuda". Os três primeiros parágrafos estão ligados a "tema e variações" sobre nossas maneiras de receber e de resistir a acolher a Deus e a seus dons, a extrair dele o motivo de louvor ou afundar na vã glória, a querer conquistar em vez de receber etc. Ora, ao centralizar a atenção no dom de Deus, Inácio une a perfeição à prática do discernimento, definido anteriormente como disposição para receber.

> É certo que, para ele, está pronto para doar, desde que da nossa parte sejamos receptivos e humildes e que nós tenhamos o desejo de receber suas graças, desde que também ele nos veja fazendo um bom uso dos dons recebidos e pedindo sua graça com entusiasmo.

Para Inácio, não há discernimento espiritual fora dessa relação com Deus benevolente e generoso. Desde então, o discernimento pode regular nossa prática, isto é, que nós não sejamos somente um ator de nossa vida (nem mesmo o homem que decide), mas homens capazes de nos deixar guiar pelo espírito com base na obra de Deus que cada um descobre: tornar-se um sujeito espiritual.

D. A OBEDIÊNCIA DA RELAÇÃO

O tom da carta é vigoroso, mas tem em vista permitir que cada um, e pela ajuda que uns e outros poderão trazer por emulação, possa prosseguir na direção que foi escolhida na ocasião do compromisso religioso. A autoridade se esboça na obediência aos superiores como um seguro meio de progredir na medida em que, segundo Inácio, a autoridade à qual se ordena, torna livre se ela se apaga diante da autoridade benevolente de Deus.

1. DO DEVER AO DESEJO

Resumamos o argumento de Inácio aos jesuítas de Coimbra. Nenhum dos meios indicados aos estudantes para servir a Deus deve ser negligenciado, uma vez que todos — dons interiores da oração, da virtude e competências naturais ou adquiridas pelos estudos — vêm de Deus. Sem confundir uns com os outros, Inácio insiste antes sobre a liberalidade de Deus e o reconhecimento que lhe é devido. Não acolher o que Deus dá seria prova de ingratidão, e faltar à virtude que esses jesuítas querem a todo preço adquirir. O estudo é, portanto, um dever de gratidão para com Deus, segundo a lógica dos talentos que devem frutificar.

Essa obrigação, afirma Inácio, é tanto mais forte quanto "vós viveis em um tempo no qual é muito necessário mostrar vosso desejo por atos" (§ 14).

Inácio desenvolve amplamente o dever de gratidão por meio da imagem dos soldados que agem a serviço de Deus. Contudo, mais do que sobre o dever de realizar, Inácio insiste na dita obrigação contratada pelo soldo que cada um recebe. Soldos daquilo que são e têm esses soldados, soldos de seus dons espirituais, que continuam a crescer e assim por diante até que o universo inteiro lhes seja concedido. "Como se esses soldos não bastassem, a si mesmo se fez soldo nosso, dando-se a nós como irmão na nossa mesma carne, pelo preço da nossa salvação na cruz e por alimento e companhia da nossa peregrinação na sagrada Eucaristia." E como conclusão: "Oh! por demais ingrato e duro é quem, com tudo isso, não se reconhece obrigado a servir diligentemente e a procurar a honra e o louvor de Jesus Cristo!"

Algumas linhas mais longe, a conclusão ressoa ao som do "Chamado do Rei temporal" nos *Exercícios*.

> Resumindo em poucas palavras, digo que considereis bem quanto vos obriga a acudir pela honra de Jesus Cristo, e pela salvação dos próximos. Entendei quanto vos importa lançar mão de todo o trabalho e diligência, para vos tornardes instrumentos idôneos da divina graça.

Se se aproxima o parágrafo dos dois primeiros pontos da segunda parte do "Chamado do Rei", a semelhança é clara. A generosidade se impõe em "julgamento e razão" de se comprometer no segmento de Cristo para servi-lo. O movimento tinha sido iniciado ao considerar, na primeira parte, um rei temporal e como "os bons súditos devem responder a um rei tão generoso e humano. E, pelo contrário, quanto seria digno de ser censurado por todos e tido por perverso cavaleiro quem recusasse o apelo de um rei como ele"³ (EE 94). Espiritualidade e cultura se cruzam aqui para dar a um homem, possibilitado pelo valor de seu tempo e apto a refletir, a oportunidade de ver qual comportamento deve adotar e como decidir sobre sua vida. O "julgamento" e a "razão" permitem aqui, segundo os valores da honra e da generosidade, determinar-se a servir. Muitas razões se apresentam ao homem de hoje para se pôr a serviço de uma causa. Mas, com a diferença do tempo de Inácio, sem dúvida, a generosidade não obriga: ela é deixada inteiramente à livre determinação. Quem não fosse generoso não seria necessariamente julgado indigno ou irracional hoje. A emulação jogava na época de Inácio neste registro dentro do código de honra da cavalaria. Os valores que mobilizam e levam à emulação são outros hoje. Convém identificá-los. Mas deixemos essas observações de lado.

A dinâmica do "Chamado do Rei" não para por aí. Em um movimento de equilíbrio, discretamente presente no texto dos *Exercícios*, a meditação continua passando do registro da obrigação moral (jogando com o valor da generosidade e da indignidade para não a cumprir) àquele do apego pessoal a Cristo. "Aqueles que quiserem se apegar e se distinguir [*se querrán afectar y se signalar*] mais em todo serviço de seu rei eterno e Senhor universal" se oferecerão a Cristo. Pressupõe-se o serviço: o novo passo a dar: não se refere a um dever, mas a um desejo. "Eu quero e eu desejo, é minha decisão deliberada desde que isso seja o vosso maior serviço e o vosso maior louvor, vos imitar." Ora, esse desejo, em sua expressão singular e decidida ("eu quero"), está em seu mesmo interior aberto a Deus como a mesma condição de sua realização ("desde que"). O sujeito passa do dever, que se expressa no registro da obrigação de responder, a um apelo, ao desejo que submete a realização ao desejo de Deus ("se vossa santa majestade quer escolher-me e receber-me nesta vida e neste estado"). Meu

---

3. Para a passagem do "rei temporal" ao "rei eterno", Cristo, nº 95-96.

desejo de servir não existe sem o desejo daquele que eu quero servir. Meu desejo inclui sua própria renúncia graças à consideração de outros em seu próprio desejo.

O outro existe, assim, para ele mesmo, independentemente de meu desejo de me apegar a ele e de servi-lo: é o sujeito de meu louvor. O louvor é, então, a expressão da alegria que eu provo ao considerar outros para quem ele existe em si mesmo. Eu te louvo pelo que tu és. O desejo se expressa, assim, sem volta sobre si, de forma pura, para emprestar esse advérbio de Inácio, tendo em vista apenas uma direção. O impulso que me leva a escolher os outros permite que se expressem o que desejam. Meu desejo se nega sem se negar, porque se declara com determinação em um dom de si mesmo que nada exige em troca, mas que espera ser aprovado. Apegar-se e acolher o outro (o que Inácio denomina a "vontade") se conjugam com a capacidade de se decidir livremente ("julgamento e razão") a ponto de confiar no desejo do outro. Essa decisão me coloca como sujeito. O dom de si me submete livremente àquele a quem eu me dou como sujeito. Esse movimento não poderia ser mantido para uma escravização na medida em que expressa um amor recíproco. O desejo de Deus de se dar a nós, escreve Inácio na carta aos jesuítas de Coimbra, é maior que nosso desejo de recebê-lo. A "contemplação para obter o amor" nos *Exercícios* adota a mesma dinâmica da aliança:

> Recordar os benefícios recebidos pela criação, pela redenção e pelos dons particulares, ponderando com muito afeto quanto Deus, nosso Senhor, tem feito por mim, quanto me tem dado daquilo que tem. *Em consequência, como o mesmo Senhor quer dar-se a mim quanto pode, segundo sua divina determinação* (EE 234)[4].

Esse "quanto pode" sugere a abertura em Deus de seu desejo de acolher que o homem lhe reservará.

---
4. Eu sublinho.

Na exortação à Coimbra, Inácio se aproxima com discrição desse ponto de passagem da obrigação ao desejo. A insistência é muito claramente à obrigação: apoia-se no desejo dos jesuítas de progredir em virtude, na emulação que Inácio solicita, e no sentimento de honra e na dívida de obrigação que todos contrataram com Deus dada a sua bondade. Mas o objetivo da carta é sugerido. Todos esses encorajamentos, incentivos e advertências são mantidos por uma única esperança: "Mas, sobretudo, desejaria que vos exercitásseis no amor puro de Jesus Cristo" (§ 13). Sobre esse ponto, nada mais será dito. A bom entendedor, saudações! Ajudai-vos uns aos outros nesse caminho, na qualidade singular de viver vosso apego a Cristo. Sobre isso, Inácio não escreve aqui. Essa decisão diz respeito à relação que cada um mantém sozinho com Cristo.

Para os religiosos aos quais Inácio se dirige, que já decidiram se empregar no serviço a Deus, o desejo de servir se inscreve entre o reconhecimento de uma dívida de obrigação e a liberdade daquele que recebe. Trata-se desde então, para que seja manifesta a verdade desse desejo de servir, de receber tudo o que Deus quer dar sem nada subtrair ou adicionar. Ela é a liberdade da indiferença[5]. Essa é a medida da relação do puro amor que Inácio espera ver os jesuítas descobrir. Mas nessa medida nada pode obrigar externamente. A última regra, "para sentir com a Igreja", dirá como, diante do puro amor que deve ser "estimado sobre todas as coisas", e que devemos louvar grandemente o "temor da divina Majestade" (EE 370). O desejo não se restringe: no máximo, pode lhe ser sugerido o lugar de sua realização mais perfeita, aquele que dá alegria (cf. § 10).

---

5. Nos *Exercícios*, essa liberdade de indiferença, colocada desde o início pelo "Princípio e Fundamento", é particularmente expressa no momento da passagem da obrigação à oferta com a "Meditação dos três tipos de pessoas" (EE 149-157).

2. A OBEDIÊNCIA PARA ENCONTRAR A BOA MEDIDA

Para apreciar a maneira pela qual Inácio age, poderemos observar que ele não analisa a situação como uma falta de obediência. Os estudantes jesuítas não fazem o que lhes está prescrito, estudar, e perdem suas forças nos excessos que prejudicam a reputação da Companhia e a saúde deles. Uma lembrança da conformidade das regras da vida religiosa colocará uma boa ordem. Inácio procura, antes, o que permitirá uma conversão, isto é, uma volta ao ímpeto que faz durar o compromisso, e não a conformidade do comportamento de um bom estudante religioso. Trata-se de se regular na obra de Deus, que se dá por tarefa conservar e aumentar a Companhia e seus membros. O discernimento é reconhecimento dessa obra de Deus e do que cada um deve e quer oferecer. Para Inácio, existe apenas o remédio da obediência, entendida como respeito e entrada na obra de Deus. Assim, o desejo generoso não desvia de seu curso e se abre de novo para aquele que estava orientado.

Se a carta de Inácio é longa, é que o perigo não é pequeno. Não somente ameaça cada um de se perder e de levar outros com ele. Por excesso de zelo, "não se cuida de evitar o perigo de carregar muito a barca, e assim, embora seja perigoso levá-la vazia, porque andará flutuando com tentações, mais o será carregá-la tanto que se afunde" (§ 19). Ainda, esquecer a operação do discernimento oculta o que Deus dá, essa medida na qual eu me regro para que o meu desejo de me apegar seja o movimento de um verdadeiro amor de Deus, e não a realização de minha vontade na projeção imaginária dos sacrifícios e serviços que "Deus" me pediria. O homem viria, assim, a se perder, tendo perdido "o sentido da santíssima vontade de Deus", como Inácio costuma escrever no término de numerosas cartas[6]. É o efeito de se abrir à

---

6. Ver KOLVENBACH, P.-H., *Fous pour le Christ*.

vontade de Deus que salva o homem, Ele que não tem nenhum outro desejo senão o de salvar o gênero humano (EE 102). É pela vontade de Deus que eu regro a minha, não porque está fundamentalmente viciada, mas porque desvia facilmente.

A obediência é, desde então, o pior, um paliativo: "Se vos parecer que o discernimento é ave rara e difícil de apanhar, supri ao menos a falta dele com a obediência e os conselhos superiores" (§ 22). Inácio tinha a obediência em alta estima como a primeira das virtudes e o que era exigido sobretudo dos jesuítas. Mas o objetivo, de fato, é entender o lugar e entender como esse homem, que se apega ao discernimento, à escuta interior, ao crescimento da pessoa e, sobretudo, à liberdade do livre-arbítrio, podia colocar esta confiança na obediência até a exigir os mais altos sacrifícios. A obediência é simplesmente aquilo pelo qual um sujeito se descentra, se abre, única condição para encontrar a medida que só lhe assegura a alegria de viver: regular-se nos dons de Deus que se discernem e pedem uma paciente decifração. O discernimento aprende a se regular justamente, sem acrescentar nem subtrair, ao que, por seu Espírito, Deus dá a cada um. A obediência ensina a se abrir ao que não vem de nós. É um baluarte, uma ajuda, contra as ilusões da generosidade. "Se ardeis em desejos de mortificação durante o tempo dos estudos, empregai-os mais em quebrar a vossa vontade e sujeitar o vosso juízo ao jugo da obediência, e não a debilitar o corpo e afligi-lo sem moderação" (§ 22).

Ao ligar a obediência ao discernimento, Inácio designa a sua finalidade e as condições do exercício por aqueles sob seus cuidados. A obediência exercita receber de outro aquilo que é bom para que eu viva com aqueles que eu escolhi. Requer a bondade e a caridade daquele que tem a autoridade. Inácio não cessa de exigi-la[7]. A carta exorta tanto à obediência quanto à caridade.

---

7. Ver as *Constituições,* muito claras no procedimento das referências, por exemplo.

Ao se submeter à obediência, cada um aprenderá que não é a medida de tudo nem que só ele seja a regra de todas as suas decisões. Ela está reinscrita na ordem relacional da existência na qual se exercita, se desenvolve e se reforça em sua liberdade. A liberdade adquirida por aqueles que se amam cresce na medida em que cada um sai do seu querer próprio (EE 189) e se alia com aquele que é amado e deseja amar. Parecendo distanciar o discernimento dado ao julgamento de cada um, a obediência é a condição de aprendizagem se ela é exercida por aquele que recebe o cargo com a mesma solicitude benevolente que aquela que anima Deus. O discernimento é a obediência a Deus. Daí a fórmula resumida de Inácio: "Aquele que se lembra de que o pecado de idolatria não é se submeter e desobedecer, segundo as Escrituras, consultou o demônio".

3. FAVORECER A UNIDADE

Para remediar o desregramento do fervor, Inácio convida cada um a fazer um bom uso do discernimento que tem em vista encontrar a medida que convém a cada um. Os inconvenientes que devem ser afastados da moderação eram lembrados com as imagens do cavalo muito cansado, da queda da escada e da barca muito carregada. Mas Inácio observara bem que a desordem desses estudantes se entendia pelo jogo da emulação, que, Inácio mantém, é uma excelente força: "Que cada um de vós, escrevia no parágrafo oitavo, tenha diante dos olhos, para tomar coragem, não aqueles que lhes parecem capazes de pouco, mas, antes, os ardorosos e os mais corajosos". Inácio convidava, segundo a lógica da parábola do evangelho do homem rico e seus gestores (Lc 16,1-8), a competir com "os filhos deste mundo" na coragem e no ardor que é preciso para estudar. Igualmente, numerosas são as imagens emprestadas do mundo militar para suportar o esforço na luta. O que significa combater sob o estandarte da Cruz, afinal?

A carta tem em vista esclarecer o que é necessário para o combate em um momento no qual o ardor se perde. Como ser ardoroso sem se perder? O discernimento é necessário e refere-se ao trabalho interior de cada um, mas Inácio não perde de vista a dimensão coletiva da vida jesuíta, que, de um lado, do fato da emulação, extraviou os estudantes de Coimbra. Assim, a emulação, que estimula ao combate e chama cada um ao dom inteiro de si, tomando por modelo o melhor, não pode se exercitar a partir da busca da unidade do corpo que a caridade consolida. A conclusão da longa exortação ao discernimento o manifesta. Sem negar os benefícios das mortificações, Inácio recomenda aliar o discernimento à obediência e à caridade:

> Mas, no tempo dos estudos, sobretudo em quem já tem mais domínio sobre o amor-próprio, pela graça divina, tenho descrito como preferível limitar-se ao meio-termo do discernimento, sem se afastar da obediência, que vos recomendo muito, como compêndio de todas as virtudes encarecidas por Jesus Cristo, Nosso Senhor, chamando-a seu preceito. *O meu mandamento é este: que vos ameis uns aos outros como eu vos amei* (Jo 15,12). Essa união e esse amor contínuo deveis não só conservá-los entre vós, mas estendê-los a todos os homens, procurando despertar em suas almas desejos da salvação do próximo, estimando quanto vale cada um deles pelo preço do sangue e da vida que custou a Jesus Cristo. Com este exercício das letras por uma parte, e com o aumento constante da caridade fraterna por outra, tornar-vos-eis instrumentos aptos da graça divina e cooperadores nesta altíssima tarefa de converter as almas a Deus, seu último fim (§ 23).

O modelo ao qual se compara e pelo qual é aceito o ímpeto que sustenta o combate, então, não é mais a mais alta mortificação, as formas espetaculares de devoção que existiam em Coimbra até pregar seminus e se flagelar em público, mas Cristo na sua humilhação:

> Mas, sobretudo, desejaria que vós exercitásseis no amor puro de Jesus Cristo e no desejo da sua honra e da salvação do próximo (§ 13).

A carta constrói esta estimulação por um efeito de gradação ao representar em quatro pontos os benefícios recebidos de Deus, que são dívidas contraídas com ele para lhe responder. A relação entre Deus e o jesuíta é apreendida mediante a imagem do militar que recebe de Deus o seu soldo, cuja importância aumenta gradualmente, sublinhada pela anáfora do termo "soldo". (Esta escritura retórica é a marca da mão de Polanco muito mais do que a de Inácio, como o deixam pensar também as numerosas referências que pontuam a carta.) Enfim, o mais alto valor é atingido ao lembrar o dom de si mesmo que faz Jesus Cristo:

> Como se esses soldos não bastassem, a si mesmo se fez soldo nosso, dando-se a nós como irmão na nossa mesma carne, pelo preço da nossa salvação na cruz e por alimento e companhia da nossa peregrinação na Santíssima Eucaristia [...] [sua Majestade] privando-se de certo modo do perfeitíssimo gozo dos seus bens, para nos fazer a nós participantes deles (§ 13).

O modelo da emulação é a humilhação de Cristo, companheiro e irmão. O parágrafo 23, no final da carta, retomará o modelo na forma do mandamento do amor. A emulação não pode viver fora da necessária caridade e do cuidado da unidade do corpo da Companhia e deve se estender a todos os homens com o desejo de sua salvação. O discernimento, que é moderação das virtudes, sua justa medida, enraíza-se na caridade, *discreta caritas*. Por isso se deixa entender a percepção que Inácio tem das dinâmicas de grupo das quais preserva como força a emulação, regulando-a totalmente não sobre a excelência das façanhas, mas sobre a mais alta humilhação do amor de Deus em Jesus Cristo, irmão e companheiro.

Essa longa carta recolhe bem elementos conhecidos da espiritualidade de Inácio dos quais queria ver viver a Companhia (reconhecimento dos benefícios de Deus, busca da salvação do próximo e de sua própria salvação, obediência, discernimento, apego ao Cristo dos dois estandartes etc.). Mostra ainda mais o sentido da psicologia dos indivíduos e dos grupos, e a lógica de interdependência do bem das pessoas e do corpo ao qual pertencem, do seu mútuo crescimento, ali onde se está bem, muitas vezes, tentado de opor uma à outra. Revela, por isso, que a justa medida do discernimento é dada pela busca da unidade na caridade.

VI
DEUS, O CONSELHEIRO E A CARTA

Inácio não cessa de reconduzir a Deus o seu correspondente, assegurando-lhe que toda ajuda vem Dele. Essa convicção anima o cerne dos *Exercícios* (nº 15). Aquele que dá os *Exercícios* se retira sem, entretanto, se ausentar: ele se mantém discretamente oculto. As Anotações circunscrevem o campo de suas intervenções. Por causa disso, a voz de Inácio nos é quase desconhecida. O *Relato*, ditado, nos faz reconhecê-la um pouco. "Nesse caminho, aconteceu um fato digno de registro, para que se compreenda como Nosso Senhor tratava essa alma, que ainda permanecia cega, embora com grandes desejos de servi-lo em tudo o que reconhecesse ser de sua vontade."[1] O *Diário* não estava destinado a ser lido por alguém que não fosse ele, e durante muito tempo foi o caso. Quanto às *Constituições*, nenhum problema em dizer "eu". Daí pensar que Inácio nada dizia, jamais, sobretudo quando devia auxiliar as almas... As cartas nos levam, portanto, a "ouvir" sua voz.

Inácio não perde, contudo, sua convicção fundamental: Deus opera; ele é o melhor guia para encontrar o seu caminho, mas Deus não dispensa as vozes humanas. Inácio teve uma experiên-

---

1. *Relato*, § 14.

cia disso, longamente descrita no *Relato*. Depois de sua conversão e das experiências das quais não podia duvidar que fossem de Deus, desejara falar às "pessoas espirituais". Como a voz do conselheiro e a de Deus não entrariam em concorrência?

Uma carta a Francisco de Bórgia, antes que ele entrasse na Companhia, permite determinar o elo entre o poder consolador do conselheiro e a consolação procurada por Deus. Quando lhe responde, no fim de 1545, Bórgia vivia uma espécie de retiro espiritual na Catalunha havia dois anos, e se preparava para entrar na Companhia. Ele, então, declara a Inácio seu desejo de ajudá-lo. Consciente da confiança que Bórgia tem nele, Inácio lhe faz entender a posição que pode ter em relação a ele.

Meu senhor em nosso Senhor[2].

A soberana graça e o amor eterno de Cristo, nosso Senhor, saúdem e visitem Vossa Senhoria.

No último dia de outubro, recebi uma carta de 24 de julho, escrita por sua mão, e alegrei-me sobremaneira no Senhor nosso. Encontrei, nela, sentimentos tirados de experiências e do trato íntimo, mais do que impressões do exterior. São as que o Senhor nosso, por sua infinita bondade, costuma dar às almas que em tudo permanecem nele, como em princípio, meio e fim de todo o nosso bem. Seja seu nome santo para sempre louvado e exaltado em todo o Universo e por todas as criaturas, por Ele ordenadas e criadas para essa finalidade tão justa e digna.

Descendo ao particular de alguns pontos que se oferecem na sua carta, o primeiro é que não me esqueço de vós em minhas orações; e o segundo, que o visito espiritualmente com as minhas cartas. Quanto ao primeiro, continuo, como o faço cada dia e es-

---

2. A tradução dessa carta foi feita com base no livro de LOYOLA, INÁCIO DE, *Cartas*. Organização, seleção e tradução: António José Coelho, SJ, Portugal/Braga, Editorial A. O., 2006, 113-117. (N. do T.)

CAPÍTULO VI.
DEUS, O CONSELHEIRO E A CARTA

pero, no Senhor nosso, que, se alcançarem algum favor, será todo do alto, descendo da sua divina bondade; tendo em vista somente a sua eterna e soberana liberalidade, assim como vossa devoção e vossa santa intenção. Convenço-me de que, vendo-o assim espiritualmente todos os dias, satisfazia ao segundo ponto, o de consolar-se com as minhas cartas. Considero que as pessoas, saindo de si e entrando em seu Criador e Senhor, têm contínuo recolhimento, atenção e consolação: sentem como todo o nosso bem eterno está em todas as coisas criadas, dá a todas existência e conserva-as com o seu infinito ser e sua presença. Facilmente me convenço de que estes pensamentos e outros vos consolam mais do que as minhas cartas. Aos que amam inteiramente o Senhor, todas as coisas os ajudam e todas os favorecem para mais merecerem e para mais se aproximarem e unirem com intensa caridade ao seu mesmo Senhor e Criador, embora muitas vezes ponha a criatura impedimentos da sua parte para o que o Senhor quer obrar em sua alma, como Vossa Senhoria diz e muito bem. E não só antes do obrar se recebem graças, dons e gostos do Espírito Santo, mas também quando vêm e se recebem, é essa alma visitada e consolada, tirando-lhe Ele toda a obscuridade e a inquieta solicitude, adornando-a com esses bens espirituais, tornando-a toda contente e toda enamorada das coisas eternas que hão de durar para sempre em contínua glória. Vimos, assim, a desprender-nos desses dons, até com pensamentos de pouca importância, não sabendo conservar todo o bem celestial, de modo que, antes de nos vir essa graça e obra do Senhor nosso, pomos impedimentos, e depois de vir fazemos o mesmo, não a conservando.

Embora Vossa Senhoria fale de tais impedimentos, para mais humilhar-se no Senhor de todos, e para mais nos exaltar aos que queremos abaixar-nos mais, pelo que sabe de Araoz em Portugal[3], convenço-me de que, antes e depois, sou todo impedimento, e disso sinto maior contentamento e gozo espiritual, no Senhor

---
3. Antonio Araoz estava com Pierre Favre na Corte de Espanha e na de Portugal em 1544-1546.

nosso, para não poder atribuir a mim coisa alguma que pareça boa. Eu penso, se os mais entendidos não pensam coisa melhor, que há poucos nesta vida e talvez nenhum, que em tudo possa determinar ou julgar quanto impede da sua parte e quanto desajuda, para aquilo que o Senhor nosso quer obrar em sua alma. Estou convencido de que, quanto mais uma pessoa for versada e experimentada em humildade e caridade, quanto mais sentir e conhecer até os pensamentos menos importantes e outras coisas delicadas que o impedem e desajudam, embora pareçam de pouca e quase nenhuma importância pela sua pequenez, tanto mais conhecerá seus impedimentos e suas faltas, pois não é dom desta vida presente, como o profeta pede ser libertado das culpas que não conhece (Sl 18,13), e São Paulo confessa não conhecê-las, e acrescenta que nem por isso se sente justificado (cf. 1Cor 18,3).

Deus, Nosso Senhor, por sua infinita e costumada misericórdia, o faz também aluno em escola tão santa; e isso Vossa Senhoria não o pode negar, como eu pelas suas cartas me convenço ter compreendido. Por isso, muito desejo, no Senhor nosso, meu perpétuo juiz, que trabalhe e se empregue, em tudo o que é possível, por ganhar muitos condiscípulos, começando pelos domésticos. A estes somos mais obrigados, para levá-los à sua divina Majestade, pelo caminho mais seguro e mais reto. E como esse caminho é o mesmo Cristo, nosso Senhor, pois ele próprio o disse (cf. Jo 14,6), dou muitas graças à sua divina bondade, porque Vossa Senhoria, segundo tenho entendido, o recebe frequentemente. Além das muitas e insignes graças que a alma alcança na recepção do seu Criador e Senhor, há uma principal e muito especial: Ele não deixa viver em pecado muito tempo e obstinadamente. Porém, logo que ela cai, até em faltas muito pequenas, embora nada seja pequeno quanto ao objeto infinito e sumo bem, Ele a levanta depressa com grandiosas forças e maior propósito e firmeza, para melhor servir a seu Criador e Senhor. Andando por este caminho, mediante o auxílio divino, e ganhando os nossos próximos com o emprego do talento que a Vossa Senhoria comunicou à divina Majestade, por sua infinita e costumada miseri-

CAPÍTULO VI.
DEUS, O CONSELHEIRO E A CARTA

córdia, eu me sinto tomado, sem o merecer, dos desejos de imitar a Vossa Senhoria.

Vossa Senhoria escreve-me que deseja participar dos assuntos que tenho entre mãos, e acho que alguns são de grande importância, segundo o nosso instituto. Impuseram-me o governo geral desta Companhia. Foi isso por um desígnio divino ou por uma permissão da eterna Bondade, olhando os meus tão grandes e abomináveis pecados? Assim Vossa Senhoria, por amor e reverência de Deus, Nosso Senhor, ajude-me com as suas orações e auxilie-me também, tomando a administração e a direção desse colégio ou dessa casa, que em Gandía quer fundar para os estudantes dessa Companhia. Ela é tanto de Vossa Senhoria como da senhora Duquesa[4] e da senhora Dona Joana[5], sua irmã, e também nossa. Pois Vossa Senhoria assim o pediu e mandou, com muito gozo das nossas almas (os estudantes) foram recebidos nela. Favoreça-os com a proteção que parecer a Vossa Senhoria, no Senhor nosso, e julgar para maior glória d'Ele. Tanto mais agora nos alegramos na sua divina bondade, porque um parente[6] da senhora Duquesa participa nela, como Vossa Senhoria me escreve, com contentamento de Vossa Senhoria. Nas suas orações e em seu favor e nos da senhora Dona Joana, peço muito ser encomendado, no Senhor nosso, e termino rogando à sua divina Majestade nos queira dar sua inteira graça, para que sintamos a sua suprema vontade e inteiramente a cumpramos.

De Roma etc.
1545[7]

---

4. A duquesa Leonora de Castro, da qual Francisco de Bórgia ficará viúvo após pouco tempo.
5. Joana de Meneses, irmã de Leonora.
6. Antonio de Muniz, que não permanece na Companhia.
7. Inácio deixa provavelmente ao secretário, que não o fez, o cuidado de completar a data dessa carta manuscrita pelo próprio geral (todas as notas reproduzidas aqui são tiradas de LOYOLA, INÁCIO DE, *Escritos*, 681-683).

A. ESTABELECER OS CORRESPONDENTES EM UMA SANTA DISPOSIÇÃO

Eis uma carta na forma de resposta, linha por linha, a seu correspondente. Inácio responde ao pedido de Bórgia de lhe enviar uma carta para a sua ajuda espiritual:

> Descendo ao particular de alguns pontos que se me oferecem na sua carta, o primeiro é que não me esqueço de vós em minhas orações; e o segundo, que o visite espiritualmente com as minhas cartas.

De acordo com Bórgia, as cartas de Inácio têm para ele um poder consolador. Inácio pensava, ao orar, ter respondido "ao segundo ponto, o de consolar-se com as minhas cartas". Sem renunciar em se dirigir a Bórgia, Inácio ajusta a posição que ele lhe concede.

A carta continua como um diálogo. Inácio retoma as questões colocadas ou as afirmações de Bórgia às quais responde trazendo nuances ou confirmando-as. Mas, nessa forma, entendemos a qualidade de uma relação. Inácio não se coloca como especialista que possuiria um saber; se tem a experiência e a partilha, Inácio responde ao desejo de Bórgia e lhe expressa o seu desejo naquilo que lhe diz respeito. Bórgia tinha o desejo de receber cartas de Inácio que o consolassem; Inácio lhe manifesta sua alegria ao lê-lo. Inácio orava para que Bórgia fosse cumulado de favores de Deus; Bórgia deseja reunir-se à Companhia que ele admira. Inácio quer ver Bórgia trabalhar para ganhar muito por uma vida santa; Bórgia deseja participar dos negócios que Inácio empreende em Gandía. Poder-se-ia dizer que o conselheiro ocupa inicialmente não o lugar de um saber, mas o do desejo, para aquele que busca a ajuda? Ele se abre ao seu pedido, mas, em vez de lhe responder face a face, o conselheiro situa o seu pedido à vista da benevolência de Deus.

"Por isso, muito desejo em nosso Senhor", escreve Inácio. Índice do movimento da consolação, a fórmula "em nosso Senhor" compreende a dinâmica na qual o conselheiro se situa. A resposta de Inácio abre para Bórgia um espaço. Inácio entra no diálogo de seus desejos de tal maneira que Bórgia e ele sejam orientados para Deus. A confiança que o requerente coloca no conselheiro e o interesse que lhe traz de volta o conselheiro são devolvidos ao que descobrirão do que Deus lhes concede. Para Inácio, os pensamentos daquele que se recolhe em Deus valem mais do que os conselhos que ele não desiste de dar. Como compreender isso sem fazer dos conselhos de Inácio simples redundâncias acrescentadas ao que cada um pode descobrir na oração?

Antes de tentar ver isso mais claramente, definimos a organização dessa carta. No primeiro parágrafo, como de costume, Inácio diz o princípio espiritual de seu correio, a saber, o desejo de Inácio de que Deus visite seu correspondente. No segundo parágrafo, Inácio aprova a autenticidade da experiência de Bórgia, pela expressão de sua alegria. Enuncia-se o critério que valida a experiência espiritual: Inácio vê em Bórgia "sentimentos tirados de experiências e trato íntimo, mais do que impressões do exterior". Bórgia está "estabelecido" em Deus na indiferença e na consolação. A indiferença é, no sentido em que Inácio entende, a capacidade que cada um tem de "querer ou não querer isso antes do que aquilo se não está conduzido unicamente pelo serviço de nosso Senhor" (EE 155). Ela é, nesse sentido, a família da consolação como capacidade de amar todas as coisas não por si mesmas, mas enquanto atraem e conduzem a Deus e, por isso, procuram paz e alegria. No terceiro parágrafo, Inácio pode, na mesma linha do que ele acaba de escrever, lembrar que a vida espiritual vem só de Deus e determinar de uma parte que vale mais se apegar a Deus do que a um homem, ainda que seja um especialista em Deus, e que, de outra parte, todos nós colocamos obstáculos à obra de Deus. O quarto parágrafo desenvolve esse ponto e enuncia a impossibilidade de um conhecimento total dos obstáculos que colocamos para Deus. O homem não pode se atribuir o bem que lhe é feito e, libertado desse orgulho, reconhece a origem do bem do qual ele é o beneficiário. Inácio, no quinto parágrafo, declara a Bórgia os progressos que ele espera dele; no sexto e último parágrafo, indica sugestões concretas para que se aplique o desejo de Bórgia de ajudar a Companhia.

B. AS PALAVRAS DO HOMEM EXPERIENTE

Com clareza, Inácio enuncia o que descobriu com o princípio da existência, o que assegura para cada um o feliz desenvolvimento, e não o que se dá a outro por uma norma.

A dimensão do ensino espiritual nas cartas de Inácio depende do conhecimento que um homem tira de sua experiência. Inácio não cessou de refletir sobre o que lhe acontecia, nele mesmo, pela meditação e pela oração, e com a ajuda de numerosas pessoas espirituais com as quais ele cruzou e por meio das leituras que elas lhe ofereceram. Inácio aproveita sua experiência refletindo sobre isso para transmiti-la[8]. Inácio não entrega tudo; ele escolhe o que poderá ajudar. Esse método se encontra nas Anotações dos *Exercícios*: segundo o ponto em que se encontra aquele que recebe os *Exercícios*, lhe fazemos saber o que é preciso para progredir. Isso supõe ter em vista o conjunto não do percurso previsível daquele que vem buscar ajuda, mas das etapas da vida espiritual, de seu dinamismo e dos obstáculos que não deixam de ocorrer. A experiência pessoal não basta; é preciso ter tomado distância dela e ter refletido mais amplamente sobre as relações de Deus com os homens. A fé cristã, compreendida nessa perspectiva, é um apoio valioso.

---

8. Ver GIULIANI, M., *L'accueil du temps qui vient*.

Transmitir uma experiência espiritual com o desejo de que auxilie outros se distingue, de forma bastante clara para Inácio, do testemunho. A resistência em entregar o seu *Relato* e a forma singular que ele lhe dá são um belo exemplo. Ainda quando narra ou descreve momentos da vida espiritual, o que faz na carta a Bórgia, é em vista do proveito que pode ser tirado por seu leitor. Dando um passo mais a seu leitor, a palavra do conselheiro não se contenta em ser um testemunho. Ela retém de sua experiência o que pode servir para encontrar e consolidar o dinamismo da vida espiritual que vem só de Deus. Para contribuir, Inácio subtrai da biografia. Elabora, a partir de diversas doutrinas teológicas e de sua experiência refletida, uma visão prática do homem que ele não dispensa na apresentação. Ele enuncia o princípio disso: o que o homem promete por causa de seu relacionamento com um Deus cuja benevolência não cessa de ser exercitada para ele, e que lhe oferece, mediante sua cooperação, a possibilidade de ser libertado do que o dificulta a fim de que se apegue mais ao que o ajuda a viver. Mostra o curso a ser tido em vista para a realização de uma vida feliz. Entrega, de acordo com as necessidades, os conselhos na forma de regras para meditar pelas quais cada um descobre como não perder a direção dessa orientação fundamental da existência. Então, o conselheiro procurará em seu discurso dirigir-se àquele que busca ajuda de tal maneira que possa voltar à própria experiência. O conselho pode então adotar a forma da confidência, como se vai ver.

1. O CONSELHEIRO COMO REVELADOR

Para começar, Inácio aprova a autenticidade espiritual da experiência de seu correspondente. Assegurá-lo de que caminha na boa direção é o ponto de partida dos conselhos que seguirão. Inácio indica, assim, àquele que ele aconselha, a fonte de sua existência, os meios que ele recebe para continuar e a clareza da orientação que ela lhe fornece. O princípio é sempre o da consolação: o que é fecundo para o homem se encontra em sua maneira de estar unido a Deus, de recebê-lo. O homem progredirá com tanto mais segurança e alegria quanto estiver ligado à fonte da vida, reconhecendo-a como um puro dom a seu proveito. Inácio indica em seguida dois meios para manter essa vida espiritual autêntica: o "contínuo recolhimento" e o amor do Senhor. "Aos que amam inteiramente ao Senhor, todas as coisas os ajudam." O saber lhe vem da Carta aos Romanos e se confirma na experiência de Inácio. Mas o gênero de saber é de interesse apenas se for usado, poder-se-ia dizer, se ele se torna uma regra pela qual eu aprendo a conduzir minha vida.

Ignoro *a priori* o que pode me servir, uma vez que tudo pode ser uma ajuda se eu estiver numa relação com Deus cuja benevolência chega até a fazer de um obstáculo um ponto de apoio, e das dificuldades um tempo de crescimento. A série continua até o que está para nós fora de alcance, mas que se experimenta em numerosas ocasiões que prefiguram a oposição à existência por excelência: a morte como passagem para a vida. Para interpretar, poder-se-ia escrever: eu sei a infinita benevolência de Deus, que faz de todas as coisas uma ajuda para aquele que escolhe receber a vida como um puro dom a seu proveito. O alcance prático desse saber se desdobra ainda mais para que cada um se lembre, prove e pese a solicitude de Deus para ele e para todos. Para todos, uma vez que o conselho não vale somente para um, mas que se enraíza no saber da fé que Deus deseja oferecer a todos, o que permite a cada um viver e contribuir assim para a reunião do gênero humano. Eis o que indica o título duplo de "Criador e Senhor" frequente em Inácio. A perspectiva não se circunscreve jamais ao indivíduo. Deus quer a salvação do gênero humano (EE 102). Então, o uso que falei de tudo que me será uma ajuda não pode ser ocasião de um mal para outros nem de uma parada de minha própria marcha para a satisfação que esse bem traria em si mesmo. A liberdade do homem se reforça experimentando-se em sua capacidade de renunciar para escolher o que será uma ajuda efetiva.

Inácio expõe a Bórgia a descrição que ele faz da consolação e de nossa dificuldade de nos ter aí, retidos por "nadas" que nos fazem perder a paz e a alegria adquiridas pelos auxílios que nos tinham sido concedidos:

> É essa alma visitada e consolada, tirando-lhe Ele toda a obscuridade e inquieta solicitude, adornando-a com esses bens espirituais, tornando-a toda contente e toda enamorada das coisas eternas que hão de durar para sempre em contínua glória. Vimos, assim, a desprender-nos desses dons, até com pensamentos de pouca importância, não sabendo conservar todo o bem celestial, de modo que, antes de nos vir essa graça e obra do Senhor nosso, pomos impedimentos, e depois de vir fazemos o mesmo, não a conservando.

A fonte jamais seca (este é o conhecimento da benévola solicitude de Deus conosco). Contudo, nunca deixamos de querer beber em outro lugar, onde a água se esgota. A imaginação que suscita o falso poço às vezes é suficiente, e isso antes ou mesmo depois de ter provado a fonte da água viva.

A existência espiritual autêntica para Inácio se define, assim, como o acolhimento de Deus e dos bens que ele dá. Ela é essa paradoxal saída de si no movimento do recolhimento. Segundo Inácio, viver consiste em se deixar libertar do inquieto cuidado de si, que desvia da benévola solicitude de Deus.

> De modo que, antes de nos vir essa graça e obra do Senhor nosso, pomos impedimentos, e depois de vir fazemos o mesmo, não a conservando.

O conselho é simples em seu princípio: afastar o que perturba, ou guardar fresca a água que sacia.

2. O CONHECIMENTO DAS ALMAS E DE SI

Em resposta a Bórgia, que lhe contava sobre a sua dificuldade em progredir na vida espiritual, Inácio expande seu ponto de vista. Não considera as dificuldades do seu correspondente em si mesmas, mas o leva a observar as oposições que colocamos diante de nós e os desvios que tomamos. Àquele que corria o risco de desanimar, Inácio apresenta sua situação como parte da marcha comum. No entanto, Inácio não minimiza as dificuldades que prova o seu correspondente, mas se certifica de localizar os obstáculos de tal maneira que ele possa esperar que seu leitor os supere. Essa carta faz sentir o conhecimento das almas que Inácio adquiriu e seu domínio da arte de escrever.

Inácio procede em dois tempos. Inicialmente, repete os argumentos de Bórgia sobre os impedimentos que prova para subir ao nível dos jesuítas, no que não vê obstáculo algum à graça de Deus. Inácio afasta depois esse argumento ao falar-lhe do que ele mesmo prova; então, afirma uma convicção concernente ao impossível conhecimento dos obstáculos que dispomos contra Deus. Mas como um discurso pode atingir o seu fim? Inácio parece aqui querer tocar o seu correspondente na sua maneira de compreender sua situação. Ao tecer convicção e confiança, Inácio espera deslindar a falsa imagem que seu leitor fez de si mesmo e do que aspira.

Bórgia parece preso em uma imagem da Companhia e de Inácio. Para ele, são homens que vivem perfeitamente de Deus, em uma humildade que ele não pode atingir de tanto que ela é elevada. A maneira pela qual Inácio reformula o que escrevera Bórgia mostra o momento em que o desejo de humildade se transforma em desejo de elevação em direção a um ideal e se faz semelhante a um orgulho disfarçado. "Vós falais de tais impedimentos, para mais humilhar-vos, no Senhor de todos, e para melhor vos elevar ao nosso nível." Inácio corrigia imediatamente acrescentando ao ponto de vista de Bórgia: "nós que desejamos nos ter tão baixo quanto possível". A visão da perfeição dos jesuítas, tão elevada no espírito de Bórgia, contribui apenas para se ver afastado de Deus, na impossibilidade de atingi-lo. É, para Inácio, um sinal claro de desolação. Além disso, Bórgia alimenta essa visão do espírito pela fama de um jesuíta português, Antônio de Araoz, e deduz disso a transparência da Companhia na obra de Deus: "Dizeis que a nossa Companhia não faz certamente obstáculo ao que o Senhor quer operar por ela acreditando no que é dito por Araoz em Portugal". Bórgia representou uma Companhia ideal a partir de uma reputação e de seu desejo de sucesso espiritual (atingir a perfeição da humildade). Inácio vai logo se interpor no espírito de Bórgia por suas confidências para tentar quebrar a imagem da Companhia, revelando outra face de seu fundador e prepósito geral:

> Convenço-me de que, antes e depois, sou todo impedimento, e disso sinto maior contentamento e gozo espiritual, no Senhor nosso, para não poder atribuir a mim coisa alguma que pareça boa.

Quebrar o ideal não era suficiente. Inácio não se satisfaz em abrir de repente o coração de sua relação com Deus a Bórgia. Nenhuma complacência em si mesmo na súbita confissão dessa miséria. Ela poderia precipitar Bórgia em sua dificuldade ou seduzir pela promiscuidade de uma cumplicidade. Ao admitir sua fraqueza sem rodeios, Inácio a coloca em perspectiva: não é ela que conta uma vez que Deus abre para o bem de qualquer maneira. Inácio mostra que desvia os olhos de sua própria falta para olhar apenas a obra de Deus. Em poucas palavras, Inácio retorna o ponto de vista para que, em nossos ouvidos, o truque possa parecer um pouco grande. No entanto, exprime essa convicção fundamental que atravessa toda a correspondência e guia a maneira de encontrar seu caminho: não é o que somos ou fazemos que conta primeiro, mas o que Deus opera. E, para auxiliar mais Bórgia a fim de que olhe na direção correta, Inácio declara a impossibilidade em que se encontra de "determinar ou julgar em que medida impede e serve a obra que o Senhor quer realizar em sua alma". Assim, Inácio espera reajustar aquilo a que Bórgia aplica sua atenção, indicando-lhe o único polo da existência espiritual e lhe interrompendo a ruminação sobre si.

Inácio procura libertar seu correspondente do viés no qual o conhecimento de si pode ser equivocado. Envolveu-se com as esperanças de "perfeição" de Bórgia, nas quais se apressavam uma imagem de si degradante e um ideal dos outros inacessível. Inácio procede em três tempos: quebra a imagem de perfeição que Bórgia projeta na Companhia; limita a possibilidade de uma introspecção animada pelo cuidado da idealização; restaura uma justa orientação ao seu olhar: nem a si próprio desolado nem os outros sonhados, mas Deus mediante o que parece bom em nossas vidas. Nem é um Deus longe de si mesmo, mas aquele cujo correspondente já aprendeu a decifrar as operações nele e na criação. Inácio assegura a Bórgia que ele sabe aproveitar o que Deus lhe dá assim: "Uma vez que sua infinita e habitual misericórdia vos deu para aprender em uma escola tão santa, isso Vossa Senhoria não negará se olhar no fundo de sua alma, como, de minha parte, posso concluir de suas cartas". Inácio oferece a Bórgia, para ler, um jogo de relações diferente daquele em que se vive; cara a cara no espelho, eu — a Companhia, Inácio substitui uma relação em três termos na qual Deus é o Único diante do qual cada um se situa em uma autotransparência impossível que torna caducas as comparações vãs. Inácio viabiliza o caminho do seu correspondente, que, sozinho, volta a andar em seu ritmo. Pode, desde então, lhe dirigir seus encorajamentos para seguir em frente, apoiando-o em seus desejos e compartilhando os próprios.

Inácio pode, então, responder ao pedido de Bórgia de que lhe seja útil, sugerindo maneiras de fornecer ajuda à Companhia.

Inácio oferece, assim, o serviço de consolação das almas que ele esperava poder realizar: o recolhimento é a orientação do olhar para Deus, e não o retorno a si. O "fundo da alma" não é a tela em que se projeta a si mesmo adornado com ideais inacessíveis que nos paralisam. Inácio ajuda aprendendo a olhar em si mesmo o que descobre da solicitude benévola de Deus, que já opera e que Inácio convida para tirar vantagem. É na sua maneira de agir em relação a nós que se regula a vida, ao descobrir como sou atraído por tal pessoa, por tal situação e por tal coisa, e decidir me apegar a isso se eu receber agora sinais de uma liberdade maior para seguir em frente.

O conselho se exerce no seio dessa relação com Deus que "ordena" a existência, que a orienta e permite colocar tudo em seu justo lugar, na medida do possível, escolhendo-a se me ajuda ou aprendendo a não desistir. O conselheiro tem, entretanto, por função apenas reenviar ao único mestre e permitir àquele que procura ajuda receber melhor as lições e tirar o melhor proveito na medida em que o seu caminho o conduz para o que Deus propõe a todos: uma existência que não corre para a ruína, e permite a reunião da humanidade. Projeto sem medida? Ele está sendo implementado aqui e agora, cada um de acordo com seu alcance. "Ao começar por aqueles de vossa casa", propõe Inácio a Bórgia impulsionado por grandes desejos aos quais ele não se opõe, e aos quais ele deseja que sejam verdadeiras forças de vida e de serviço.

C. CARTAS, ORAÇÕES E CONSOLAÇÕES...

Bórgia espera muito de seu conselheiro. Procura nele a segurança de uma presença que as cartas de Inácio lhe trazem. Ele confia. Inácio também se defende disso. Como vimos, Inácio não somente quebra os elos imaginários que ligam Bórgia à Companhia, como também desvenda a relação epistolar como Bórgia a considera. Esta carta esclarece de um modo útil o estatuto que Inácio dá à sua correspondência de conselheiro espiritual.

A ironia desponta nos propósitos de Inácio. Ele repete o que Bórgia lhe escrevia e responde:

> O primeiro é que não me esqueço de vós nas minhas orações; e o segundo, que o visite espiritualmente com as minhas cartas. Quanto ao primeiro, continuo, como o faço cada dia e espero, no Senhor nosso, que, se alcançarem algum favor, será todo do alto, descendo da sua divina bondade; considerando somente a sua eterna liberalidade, assim como a vossa devoção e a vossa santa intenção. Convenço-me de que, vendo-o assim espiritualmente todos os dias, satisfazia ao segundo ponto, o de consolar-se com as minhas cartas.

Eis o que foi dito. E Inácio define um ponto que lhe é essencial. Tudo vem do alto; é inútil procurar em outro lugar. Inácio se livra de um trabalho paciente com Bórgia: distinguir o conselheiro espiritual do Espírito Santo. Para a vida espiritual, o que conta é escutar o Espírito.

Inácio procede em dois momentos: assegura a Bórgia ter orado por ele na esperança de que uma resposta virá de Deus. Depois, afirma "estar convencido" de que respondera à espera de Bórgia ser consolado por suas cartas. O primeiro elemento retoma o ensino fundamental de Inácio sobre a origem divina da consolação, ao aceitar que outro possa ser o intermediário por seus conselhos, ou o intercessor por suas orações. É sobre as modalidades da resposta à oração que Inácio atrai a atenção de Bórgia. Inácio lhe lembra de que estimava não dever responder-lhe na medida em que este, buscando a consolação, a receberia mais de Deus do que de suas cartas. Ao insistir com Inácio para obter respostas dele, Bórgia mostrava que inicialmente não estava voltado para Deus, o que Inácio quer lhe fazer perceber. Inácio reconhece, portanto, não ter respondido a Bórgia, tê-lo feito esperar, mas lhe precisa que isso não significava que o seu silêncio era esquecimento de Bórgia. Ele ajuda por meio de sua oração, "vos tenho cada dia presente em espírito diante de mim". Isso não bastou para Bórgia.

Inácio toma, então, o seu correspondente em falta, e constrói, implicitamente, um raciocínio por analogia entre relação epistolar e oração. Há entre os dois correspondentes de uma parte e entre aquele que ora e Deus uma relação comparável: um espera do outro uma resposta. Porque Inácio não respondeu a Bórgia, Bórgia se desolou, como se, lhe declara Inácio, este não tivesse percebido que ter seu correspondente presente em espírito cada dia fosse suficiente. De um lado, repetimos, Inácio assegura preferível espera de Deus a consolação. Mas, de outro lado, não há aí uma indicação sobre a maneira como Deus pode ser levado a responder? Com efeito, se Bórgia se desola por não ter recebido resposta de Inácio, é que, além disso, provavelmente não se encontrou mais consolado por Deus, senão Inácio não tomaria este trabalho de voltar sobre esse ponto. O raciocínio implícito parece, então, ser o seguinte: se, quando vós não recebeis minhas cartas, vós vos sentis desolado, porque parece que vós credes que eu não penso em vós, e o que acontece com vossa relação com Deus, quando vós não recebeis "respostas" de Deus?

Se tal raciocínio é possível, é porque ele tem em conta o que a reflexão sobre o epistolário tinha alimentado de longa data. Ele escreve, é ter o seu correspondente diante de si, "como parecia que eu estava diante de ti", segundo uma expressão de Cícero que não cessou de se retomar na Renascença. Ora, Inácio se serve desse adágio para que Bórgia se questione sobre o valor que ele dá ao silêncio de seu conselheiro. Inácio lhe declara que seu silêncio era uma presença em espírito e uma intercessão em seu favor pela oração, e não uma ausência de relação. Desde então, se continuarmos a comparação, Inácio não convidará Bórgia a aprofundar o sentido do que ele espera de Deus, do que ele pensa ser uma consolação? Assim, o convida a um exercício de consideração, para refletir.

> Considero que as pessoas, saindo de si e entrando em seu Criador e Senhor, têm contínuo recolhimento, atenção e consolação: sentem como todo o nosso Bem eterno está em todas as coisas criadas, dá a todas existência e conserva-as com o seu infinito ser e presença. Facilmente me convenço de que esses pensamentos e outros vos consolam mais do que as minhas cartas.

Confundir o silêncio de Inácio com o que seria seu desinteresse, uma ausência de relação, corria o risco de levar a uma desolação espiritual mais profunda. Ao responder, enfim, a seu correspondente, Inácio lhe revela sua impaciência e o faz perceber a temporalidade de toda relação, seu ritmo, feito de silêncios e de respostas, de espera e de consolação. Sem cessar, Inácio lhe lembra da maior vantagem de receber de Deus a consolação, que aqui é definida ainda a modalidade, alimentada pela saída de si e pelo recolhimento em Deus e pela apreciação de Deus presente em todas as coisas, presença que se deixa adivinhar antes de ser afirmada. Desde então, a troca epistolar se faz, em sua mesma formalidade, por sua alternância de pedidos, de esperas e de respostas, um lugar de aprendizado da vida espiritual, uma experiência da presença silenciosa daquele a quem se dirige e de sua falante invisibilidade.

É, portanto, o esboço de uma iniciação espiritual à existência cristã que Inácio empreende quando alerta seu correspondente sobre a confusão que o ameaça entre suas cartas e os conselhos do Espírito. São preservadas a maneira própria de agir do Espírito, suas visitas, até a essa consolação sem causa que evocam os *Exercícios*, e a cooperação que Deus espera dos homens. É aí que o conselho espiritual se funda na possibilidade de que, discretamente, Deus dá, confiando na solicitude benévola daqueles que o escutam e seguem "a lei da caridade que o Espírito imprime nos corações". A troca epistolar é, por excelência, o lugar de um aprendizado, por sua temporalidade própria, a dilatação do tempo entre o pedido e a resposta, o jogo do silêncio e da espera, que alimentam e põem à prova a confiança. Ela convida o correspondente a buscar mais junto de Deus a ajuda que espera de seu conselheiro. É por essa razão que o conselheiro pode finalmente responder.

Assegurada a obra do Espírito que eles têm um e outro em partilha, pode dar conselhos sem ocupar o lugar nem daquele que pede conselho nem do Espírito consolador.

CONCLUSÃO

Este livro procedeu por moderação para atrair a nossa atenção sobre o que passaria despercebido. O ritmo de nossas leituras, hoje, segue de mãos dadas com uma escritura rápida: a aceleração das correspondências não é à toa. O tempo longo do encaminhamento da correspondência na época de Inácio de Loyola concordava mais com uma maneira precisa de compor o discurso. Certamente, a análise amplia o quadro de textos, mas não era necessário passar por aí para pesar o jogo das relações que tecem as cartas? Compreender a situação, captar o conselho a dar não é ainda senão a metade do caminho. Há o estilo que se inventa entre a passagem que abre aquele que pede o conselho e as notícias possíveis que o conselheiro faz perceber. Inácio não força, o que não significa que na ocasião ele não saiba falar forte, lidar com a ironia, ou bloquear a estrada que leva aos impasses.

A interrogação que atravessa o livro nasce da tensão entre a afirmação fundamental de Inácio de Loyola segundo a qual Deus se comunica ao homem e seu desejo de ajudar as almas, fazer mediação entre Deus e os homens. A ajuda encontra sua regulação na crença de que Deus, a princípio, vem ao encontro daquele que procura o seu caminho, e de que é sempre preferível encorajar essa relação imediata entre Deus e sua criatura. Por isso, Inácio terá deixado seu vestígio como mestre espiritual ao usar de sua palavra e de sua sagacidade para aconselhar e iniciar essa relação com Deus. O conselho coloca a pessoa no caminho da escuta do Espírito. Levanta as armadilhas, confirma o que está já comprometido, abre possibilidades. Mas o conselheiro limita sua posição. Sua virtude está na renúncia em ocupar todo o espaço que deixa livre a busca de um conselho. A troca epistolar leva ao mais alto ponto a renúncia ao fazer partilhar com seu correspondente a espera de uma resposta do conselheiro e a busca em Deus apenas da consolação. É pelo menos a posição que Inácio tem não somente ao afirmar a preeminência de Deus no conselho, como também ao regular sua escritura epistolar nessa posição teológica.

A história da direção espiritual na Companhia de Jesus mostra que Inácio não foi sempre seguido. Crer efetivamente que o Criador se comunica diretamente com sua criatura, como escreve Inácio, parecerá, muitas vezes, suspeito de iluminismo ou de misticismo. Se a conduta de si não é uma tarefa fácil, é verdade, a inquietação de faltar sua salvação por não seguir um determinado caminho faz com que progressivamente o conselheiro se torne diretor. Sua tarefa foi acalmar os escrúpulos e ajustar as normas às circunstâncias. Sucesso dos casuístas, mas também perigo. O maior risco que correram não foi escapar do laxismo ou do rigorismo, mas ocultar a obra do Espírito pela qual a voz dos clérigos se substituía, por maior segurança.

Nossa época corre na questão de outros riscos. Cremos sem dificuldade que a comunicação direta com Deus dispensa toda relação com os outros. Os conselhos dos gurus de todo gênero enchem nossos ouvidos. Novo Cila e Caríbdis.

Inácio estava convicto de que Deus dá ao homem os meios de cooperar com sua vontade de salvá-lo: descobrir que ele não o abandona e lhe dar os meios de levar a vida. Esse dom não dispensa aprendizado algum, a começar pelo mais elementar, o de conversar com seus semelhantes. Que um ou outro seja mais ouvido, isso se encontra em muitas culturas. O sábio e o ancião são figuras nas quais chegamos a encontrar nosso próprio lugar sem que ele venha de mim ou do mestre. Por experiência e reflexão, o conselheiro deixou um espaço no qual o movimento da vida ressoava de forma mais vasta que nossas existências. Inácio não se empregou para que aquele que lhe pedia ajuda encontrasse nele os meios para cavar a vivificante batida do silêncio, o Espírito que sugere e sustenta?

ÍNDICE DOS TEXTOS CITADOS DE INÁCIO DE LOYOLA

Para os *Exercícios espirituais*, as *Constituições* e o *Relato*, os números reenviam ao parágrafo.

Para as cartas, as páginas em itálico correspondem às páginas em que a carta é comentada.

CARTAS

À Teresa Rejadell, 18 de junho de 1536: 75-81, 91, 92
À Teresa Rejadell, 11 de setembro de 1536: *88, 89*
A Francisco de Bórgia, no final de 1545: *116-132*
Aos padres e irmãos de Coimbra, 7 de maio de 1547: 93, 94, *100-113*
A Harnold van Hees, 23 de maio de 1551: *43-46*
A Francisco de Bórgia, 5 de junho de 1552: *66-74*, 83
Aos companheiros enviados em missão, 8 de outubro de 1552: *34-37*, 48
A Alfonso Ramirez de Bergara, 30 de março de 1556: *48-62*

EXERCÍCIOS ESPIRITUAIS

Anotação 6: 57
Anotação 7: 53
Anotação 15: 23, 115
Anotação 18: 19, 20

22, Pressuposto de benevolência: 53, 102
23, Princípio e fundamento: 108
53, 61, colóquio: 28, 90
91-99, Chamado do Rei: 89, 90
102, Contemplação da Encarnação: 110
136-147, Os dois estandartes: 114
149-157, Os três homens (indiferença): 108, 121
169-188, Regras para a eleição: 41, 60-62
219-222, Paixão: 90
230-236, *Ad amorem*: 32, 59
316-317, consolação: 47, 48, 57-60
322, desolação: 62
332, anjo de luz: 85
369, graça e liberdade: 43
370, por amor e temor filial: 90, 108

CONSTITUIÇÕES

Exame geral, 3 (fim da Companhia): 37
Prólogo, 134-136: 31, 32
II, 223-225 (despedida da Companhia): 111
III, 269-270 (correção pelo superior): 95-97
VII, 645-649 (missão, pregação, conversa): 16-18
X, 817 (ambição): 67, 68

RELATO

8 (diversidade dos movimentos): 56
14 (discernimento, medida, virtude): 45, 46
42 (conversa): 21
22, 27 (confissão): 22, 23

DIÁRIO: 62

Edições Loyola

editoração impressão acabamento

Rua 1822 nº 341 – Ipiranga
04216-000 São Paulo, SP
T 55 11 3385 8500/8501, 2063 4275
www.loyola.com.br